30 × 90 Minuten

Anna Maria Stein
Mirjam Steves

Digitale Medienkompetenz

Fertige Stundenbilder für
Highlights zwischendurch

Klasse 5–7

Verlag an der Ruhr

Impressum

Titel
30 × 90 Minuten Digitale Medienkompetenz
Fertige Stundenbilder für Highlights zwischendurch. Klasse 5–7

Autorinnen
Anna Maria Stein
Mirjam Steves

Umschlagmotiv und Kapiteldeckblätter
© David Fuentes – stock.adobe.com

Satz und Layout
krauß-verlagsservice, Ederheim/Hürnheim

Druck
AZ Druck und Datentechnik GmbH, Kempten, DE

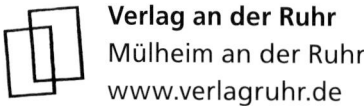

Verlag an der Ruhr
Mülheim an der Ruhr
www.verlagruhr.de

Geeignet für die Klassen 5–7

Urheberrechtlicher Hinweis
Das Werk und seine Teile sind urheberrechtlich geschützt. Jede Verwendung in anderen als den gesetzlich zugelassenen Fällen bedarf der vorherigen schriftlichen Einwilligung des Verlages. Im Werk vorhandene Kopiervorlagen dürfen vervielfältigt werden, allerdings nur für Schüler*innen der eigenen Klasse/des eigenen Kurses. Die dazu notwendigen Informationen (Buchtitel, Verlag und Autorinnen) haben wir für Sie als Service bereits mit eingedruckt. Diese Angaben dürfen weder verändert noch entfernt werden. Die Weitergabe von Kopiervorlagen oder Kopien (auch von Ihnen veränderte) an Kolleg*innen, Eltern oder Schüler*innen anderer Klassen/Kurse ist nicht gestattet.
Der Verlag untersagt ausdrücklich das Herstellen von digitalen Kopien, das digitale Speichern und Zurverfügungstellen dieser Materialien in Netzwerken (das gilt auch für Intranets von Schulen und sonstigen Bildungseinrichtungen), per E-Mail, Internet oder sonstigen elektronischen Medien außerhalb der gesetzlichen Grenzen. Kein Verleih. Keine gewerbliche Nutzung. Zuwiderhandlungen werden zivil- und strafrechtlich verfolgt.

Bitte beachten Sie die Informationen unter www.schulbuchkopie.de.

Soweit in diesem Produkt Personen fotografisch abgebildet sind und ihnen von der Redaktion fiktive Namen, Berufe, Dialoge u. Ä. zugeordnet oder diese Personen in bestimmte Kontexte gesetzt werden, dienen diese Zuordnungen und Darstellungen ausschließlich der Veranschaulichung und dem besseren Verständnis des Inhalts. Trotz sorgfältiger inhaltlicher Kontrolle kann keine Haftung für die Inhalte externer Seiten, auf die mittels eines Links verwiesen wird, übernommen werden. Für den Inhalt der verlinkten Seiten sind ausschließlich deren Betreiber*innen verantwortlich.

© Verlag an der Ruhr 2020
ISBN 978-3-8346-4331-5

Inhalt

Vorwort 4
Zum Umgang mit dem Buch 5

Neue Medien 7
01 | Digitale Medien 8
02 | Handy und Smartphone 13
03 | Smartphone – Mehr als nur telefonieren 18
04 | Chatiquette: Regeln für den (Klassen-)Chat 21
05 | Safer Smartphone 24
06 | Klassen-Challenge 28

Umgang mit sozialen Netzwerken 35
07 | Selbstdarstellung in sozialen Netzwerken 36
08 | Blogger, Vlogger und Influencer 41
09 | Was ist eigentlich Cybermobbing? 44
10 | Cybermobbing: Die Folgen 48
11 | Hilfe im Netz 51
12 | Datenschutz: So schützt du dich 54
13 | Recht und Gesetz 57
14 | Klassen-/Schulaktion zum Thema „Neue Medien" .. 61

Recherchieren und seriöse Quellen nutzen 65
15 | Unterschiedliche Quellen kennenlernen 66
16 | Suchmaschinen: Die Grundlagen 72
17 | Unterschiedliche Suchmaschinen kennenlernen .. 77
18 | Suchmaschinen richtig bedienen 79
19 | Recherchieren im Netz 83
20 | Vor- und Nachteile von Wikipedia 86
21 | Wir gestalten unser eigenes Klassen-Wiki 89
22 | Wir prüfen Internetquellen auf Fake News 92
23 | Mögliche Folgen von Fake News 96

Medien nutzen 101
24 | Wir schreiben eine E-Mail 102
25 | Wir gestalten Texte mit dem Computer 106
26 | Wir gestalten unseren Stundenplan am PC 109
27 | Wir gestalten eine PowerPoint-Präsentation ... 112
28 | Wir nutzen Online-Wörterbücher 115
29 | Erklärvideos: Lernen mit YouTube 118
30 | Ein eigenes Erklärvideo drehen 122

Medientipps 126

Vorwort

Liebe Kolleg*innen[1],

der Begriff „Medienkompetenz" ist in aller Munde. Dies hat gute Gründe, denn unsere Gesellschaft durchlebt einen immer schneller werdenden technischen Wandel, der zahlreiche positive Möglichkeiten, aber auch genauso viele Herausforderungen mit sich bringt. Umso wichtiger ist es, dass wir in der Schule auf diese Veränderungen reagieren und unsere Schüler*innen zu einem kompetenten Umgang mit den neuen Medien verhelfen.
Zur Vermittlung von Medienkompetenz gehört zunächst, dass die Schüler*innen grundlegende Kenntnisse, wie die Bedienung von technischen Geräten und den richtigen Umgang mit Computer-Programmen, erlernen. Denn obwohl sie die neuen Medien meist intuitiv zu bedienen wissen, bedeutet dies bei Weitem nicht immer, dass sie dies auch reflektiert tun.
Des Weiteren stellt die Medienkritik einen wichtigen Punkt dar: Nur wer weiß, wie Inhalte im Netz zu bewerten und einzuordnen sind, kann sich auch kritisch mit ihnen auseinandersetzen und sich eine eigene Meinung bilden.
Schlussendlich ist es wichtig, das eigene Medienverhalten zu reflektieren. Dies impliziert sowohl das Nutzungsverhalten als auch den richtigen Umgang mit den anderen Nutzer*innen im Netz. Denn nur so ist ein harmonisches Miteinander möglich, das frei von Gewalt, Hass und Hetze ist.

Dieses Buch ist in vier Themenblöcke aufgeteilt:
- Kapitel 1 gibt einen Überblick über die neuen Medien. Es geht z. B. um den Unterschied zwischen alten und neuen Medien oder die verschiedenen Nutzungsmöglichkeiten eines Smartphones. Zudem sollen die Schüler*innen das eigene Handyverhalten reflektieren.
- Das Kapitel 2 befasst sich mit dem Umgang mit sozialen Netzwerken. Hier geht es unter anderem um das Thema „Cybermobbing" und mögliche Strategien, dies gar nicht erst entstehen zu lassen. Außerdem lernen die Schüler*innen Möglichkeiten kennen, sich selbst und ihre Daten im Internet zu schützen.
- Im Kapitel 3 werden die Themen „Quellenkunde" und „Recherche" behandelt. Es geht um den richtigen Umgang mit Suchmaschinen und Wikipedia sowie um das Erkennen von Fake News.
- Das Kapitel 4 befasst sich ganz konkret mit der Mediennutzung und -gestaltung. Dazu gehört unter anderem das Schreiben einer E-Mail oder das Erstellen eines Erklärvideos.

Uns ist bewusst, dass diese vier Kapitel bzw. diese 30 Unterrichtsstunden nicht alles aus dem Bereich „Medienkompetenz" abdecken können. Es ist der Versuch einer Zusammentragung von Themen, die wir für den schulischen Alltag als wichtig erachten. Sie sollen den Lernenden dabei helfen, den richtigen Weg im Umgang mit den neuen Medien zu finden, und sie darin fördern, das soziale Miteinander im Internet zu verbessern. Diese Fähigkeiten sind nicht an einzelne Unterrichtsfächer gebunden. Aus diesem Grund haben wir versucht, die Inhalte der einzelnen Stunden in diesem Buch breit zu streuen, sodass sie in möglichst vielen Unterrichtsfächern eingesetzt werden können.
Auch sind wir uns der unterschiedlichen technischen Ausstattung der Schulen bewusst und haben dies in der Ausarbeitung unserer Stundenentwürfe berücksichtigt. Sie finden in diesem Buch auch Unterrichtsstunden, die vollkommen ohne den Einsatz von Technik auskommen.

Wir wünschen Ihnen und Ihren Schüler*innen viel Spaß mit dem Einsatz dieses Buches!

Anna Maria Stein und *Mirjam Steves*

---

[1] Der Verlag an der Ruhr legt großen Wert auf eine geschlechtergerechte und inklusive Sprache. Daher nutzen wir das Gendersternchen, um sowohl männliche und weibliche als auch nichtbinäre Geschlechtsidentitäten einzuschließen. Alternativ verwenden wir neutrale Formulierungen. In Texten für Schüler*innen finden sich aus didaktischen Gründen neutrale Begriffe bzw. Doppelformen.

Zum Umgang mit dem Buch

Anliegen der Arbeitsmaterialien ist es, Schlüsselkompetenzen zur Auseinandersetzung mit den Chancen und Herausforderungen der neuen Medien zu vermitteln. Mit den vorliegenden Stundenentwürfen möchten wir Sie dabei unterstützen, Ihre Schüler*innen bei der Nutzung der neuen Medien zu begleiten, sie für Gefahrenaspekte zu sensibilisieren und ihnen Möglichkeiten im Umgang damit aufzuzeigen. Bevor Sie starten, möchten wir Ihnen ein paar Hinweise geben:

Technische Ausstattung/Internetzugang
Wir haben uns bei der Konzeption der Kapitel bemüht, die unterschiedliche technische Ausstattung an den Schulen zu berücksichtigen, da diese sehr stark variiert. Dennoch sind bei einigen Stunden digitale Medien, wie ein Computer oder ein Smartphone, nötig. Dies gilt auch für die Verfügbarkeit eines Internetanschlusses. All die Stunden, in denen ein Internetzugang vorausgesetzt wird, sind sowohl im Inhaltsverzeichnis als auch im Buch mit einem entsprechenden Icon markiert, sodass Sie sich schnell einen Überblick verschaffen können. Ebenso gibt es natürlich auch ausreichend Stunden, die ausschließlich mit denen in diesem Buch vorhandenen Arbeitsblättern auskommen – also ganz analog funktionieren, sich aber dennoch mit dem Thema „Digitale Medien" auseinandersetzen.

Konzeption der Stunden
Die einzelnen Stundenentwürfe sind für 90 Minuten konzipiert. Jedoch gilt, zu beachten, dass diese Zeitangabe, je nach Leistungs- und Kenntnisstand der Schüler*innen, stark schwanken kann. Es kann z. B. sein, dass in der Klasse keine Vorerfahrungen bestehen, unser Stundenentwurf allerdings davon ausgeht – oder aber, dass unser Stundenentwurf Ihnen zu einfach erscheint. Bitte planen Sie dies insbesondere bei den Zeitangaben mit ein.

Aufbau und Vorbereitung der Stunden
Für jede Stunde steht Ihnen ein komplett ausgearbeiteter Stundenverlauf mit folgenden Angaben zur Verfügung:
- Inhalt der Stunde („Darum geht's")
- Zielkompetenzen
- Angaben zu den Materialien, die benötigt werden (hier finden Sie auch die Angaben zu den technischen Voraussetzungen)
- Vorbereitungen
- Stundenverlauf mit der Beschreibung der einzelnen Phasen, inklusive Zeitangaben

Sorgen Sie am Anfang der Stunde für Klarheit und Transparenz, indem Sie den Lernenden das Thema der Stunde nennen und ihnen einen kurzen Überblick über den Verlauf geben. Diesen können Sie dem Ablauf der Stunde unter „Darum geht's" in den Lehrerhinweisen entnehmen.

Arbeitsblätter
Zu den meisten Unterrichtseinheiten sind jeweils 2–3 Arbeitsblätter vorhanden. Um dem Leistungsgefälle, das in diesen Jahrgangsstufen in der Regel hoch ist, gerecht zu werden, haben wir Zusatzaufgaben eingefügt. Diese finden Sie unten auf den Arbeitsblättern. Sie sind immer mit einem Stern ★ markiert und richten sich im Normalfall an leistungsstarke Schüler*innen, die schneller fertig sind. Es gibt aber auch Stern-Aufgaben, die zur Weiterarbeit und Vertiefung für die ganze Klasse gedacht sind und die Sie je nach Bedarf einsetzen können. Bei manchen Zusatzaufgaben verweisen wir auf Links im Internet, respektive wird zur Bearbeitung ein Internetzugang benötigt. Diese Aufgaben sind ebenfalls mit dem entsprechenden Icon markiert, sodass Sie schnell über einen möglichen Einsatz entscheiden können.

Begrifflichkeiten
Die Begriffe „Handy" und „Smartphone" werden hier synonym verwendet. Da in der Alltagssprache der Schüler*innen der Begriff „Smartphone" kaum existiert, wirkt die Verwendung des Begriffs künstlich und nicht alltagsorientiert.

Neue Medien

Neue Medien | Digitale Medien | Lehrerhinweise

Digitale Medien

Darum geht's

Die Schüler*innen setzen sich mit der Medienentwicklung auseinander und reflektieren die eigene Mediennutzung. Der Ablauf der Stunde zeigt sich wie folgt:
- Bildimpuls zu Medien im Wandel der Zeit
- Vergleich der Informationsbeschaffung früher und heute
- Beschreibung des eigenen Medienalltags
- Reflexion des Verhältnisses von Mediennutzung und Freizeit

Zielkompetenzen

Die Schüler*innen
- beschreiben die Vielfalt der Medienlandschaft im Wandel der Zeit,
- skizzieren und veranschaulichen ihren eigenen Medienalltag,
- prüfen ihre Mediennutzung im Verhältnis zu anderen Freizeitaktivitäten und
- reflektieren die Einflüsse von Medien auf die eigene Lebens- und Freizeitgestaltung.

Material

- Folienvorlage „Medien – alt, neu, digital?" (S. 10)
- Arbeitsblatt „Medien – alt, neu, digital?" (S. 11)
- Arbeitsblatt „Mein Medienalltag" (S. 12)
- Scheren und Kleber für alle Schüler*innen
- OHP/Whiteboard

Vorbereitung

Ziehen Sie die Vorlage auf Folie oder scannen Sie sie für das Whiteboard. Kopieren Sie die Arbeitsblätter in Klassenstärke und legen Sie die weiteren Materialien bereit.

Stundenverlauf

Einstieg

ca. 15 Minuten

Zeigen Sie den Bildimpuls mithilfe des OHPs oder des Whiteboards. Lassen Sie Ihre Schüler*innen das Bild beschreiben. Sprechen Sie im Plenum über Fragen wie:
- *Was sind alte und neue/digitale „Medien"?*
  Lösung: Als „digitale Medien" werden technische Geräte bezeichnet, die der Digitalisierung, Aufzeichnung, Verarbeitung und Darstellung digitaler Inhalte dienen. Es sind alles elektronische Medien, die mit digitalen Codes arbeiten. Zu ihnen gehören bspw. das Mobiltelefon, das Internet, der Beamer, das Whiteboard, Computer- und Konsolenspiele, digitale Kameras und digitales Fernsehen, CDs, Tablets und E-Books. Das Gegenteil der „digitalen Medien" sind die „analogen Medien", wie z. B. Printmedien (Bücher, Zeitungen etc.) oder Audiokassetten.
- *Welche Medien kennt ihr noch und in welche Zeit (früher, heute) gehören sie in etwa?*
- *Wie sähe das Bild im Jahr 2050 aus?*

Arbeitsphase 1

ca. 10 Minuten

Teilen Sie anschließend das Arbeitsblatt „Medien – alt, neu, digital" aus und lassen Sie die Schüler*innen in Einzelarbeit die Aufgabe 1 bearbeiten. Darin überlegen die Schüler*innen, wie die Vorbereitung für ein Referat vor 50 Jahren verlaufen wäre, und stellen dies der heutigen Zeit gegenüber. Ihre Ergebnisse tragen sie direkt in die Tabelle auf das Arbeitsblatt ein.

Sicherung

ca. 15 Minuten

Nach der Bearbeitung der Aufgabe 1 tragen die Lernenden ihre Ergebnisse vor und diskutieren in der Klasse über die Vor- und Nachteile der Informationsbeschaffung früher und heute (Aufgabe 2). Mögliche Nennungen zur Informationsbeschaffung heute können u. a. sein:

- Vorteile: riesiges Angebot an Informationen, schneller und einfacher Zugriff, ortsunabhängige Recherche, Informationen sind allen zugänglich und jederzeit verfügbar, kostenlos (bis auf Internetzugang und -gebühren)
- Nachteile: mit dem steigenden Angebot an Informationen steigt zugleich auch der Aufwand der Bewertung (Problem des Erkennens von Fake News/Desinformation und unseriösen Quellen). Wichtige und unwichtige Informationen lassen sich z. T. schwierig differenzieren. Zudem kann die Suche nach bestimmten Informationen zur Sisyphusarbeit werden und den Einzelnen überfordern.

Aus den Stichpunkten lassen sich auch die Vor- und Nachteile der Informationsbeschaffung früher ableiten.

Arbeitsphase 2

ca. 20 Minuten

Teilen Sie das Arbeitsblatt „Mein Medienalltag" aus und lassen Sie die Schüler*innen in Einzelarbeit die Aufgabe 1 bearbeiten. Für diese individuellen Mediennutzungspyramiden benötigt jede*r Schüler*in eine Schere, Kleber sowie verschiedenfarbige Stifte.

Präsentation

ca. 10 Minuten

Die Lernenden präsentieren in Aufgabe 2 ihre Ergebnisse und äußern sich dazu, was sie im Hinblick auf ihre eigene Mediennutzung überrascht hat und was nicht.

Abschluss und Reflexion

ca. 20 Minuten

In Aufgabe 3 sollen die Schüler*innen den Medienwandel im Allgemeinen und ihre eigene Mediennutzung im Verhältnis zu anderen Freizeitbeschäftigungen reflektieren. Passen Sie die Diskussion Ihrer Lerngruppe an, indem Sie über einige der folgenden Impulsfragen sprechen:

- *Wie haben sich die Medien im Laufe der Zeit verändert?*
- *Verbringt ihr mehr Zeit mit oder ohne Medien oder ist das Verhältnis von Mediennutzung und Freizeit bei euch ausgewogen?*
- *Für welche Freizeitaktivitäten braucht ihr keine Medien? Fällt euch der Verzicht dabei leicht?*
- *Können Medien abhängig machen?*

Lenken Sie das Gespräch auf einen bewussten und verantwortungsvollen Umgang mit Medien. Wird in der Lerngruppe auffallend viel Zeit mit Medien verbracht, suchen Sie gemeinsam nach Anregungen für Alternativen.

Medien – alt, neu, digital?

Neue Medien | **Digitale Medien** | Arbeitsblatt 1

Medien – alt, neu, digital?

	Referatsvorbereitung	
	Früher (vor 50 Jahren)	Heute
Woher bekommst du deine Informationen?		
Wie gehst du dabei vor? 1. Recherche 2. Präsentation		
Wie viel Zeit benötigst du schätzungsweise?		

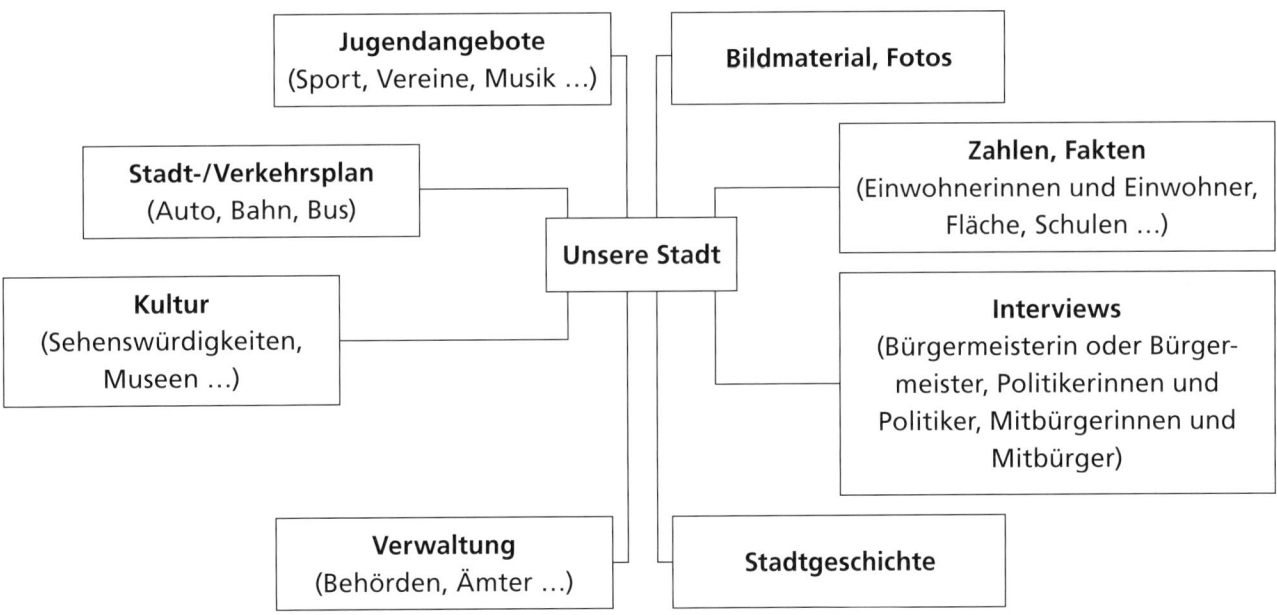

◎ Aufgaben

1. Wie ist es wohl, ohne das Internet oder den Computer ein Referat für die Schule vorzubereiten? Stelle dir vor, du musst eine Präsentation zum Thema „Unsere Stadt" vorbereiten. Die Notizen dazu hast du dir bereits gemacht (siehe Mindmap). Beschreibe dein Vorgehen und nutze dazu die Tabelle.
2. Tauscht euch über eure Ergebnisse in der Klasse aus und diskutiert, welche Vor- und Nachteile es bei der Informationsbeschaffung früher und heute gab bzw. gibt.
★ 3. Recherchiere im Netz, wann welches Medium erfunden wurde, und beschreibe die Entwicklung der Medien anhand eines Zeitstrahls.

Neue Medien | **Digitale Medien** | Arbeitsblatt

Mein Medienalltag

Ideenbox
lesen, entspannen, informieren, telefonieren, Hörbücher/Musik hören, Filme sehen/drehen, zocken, chatten …

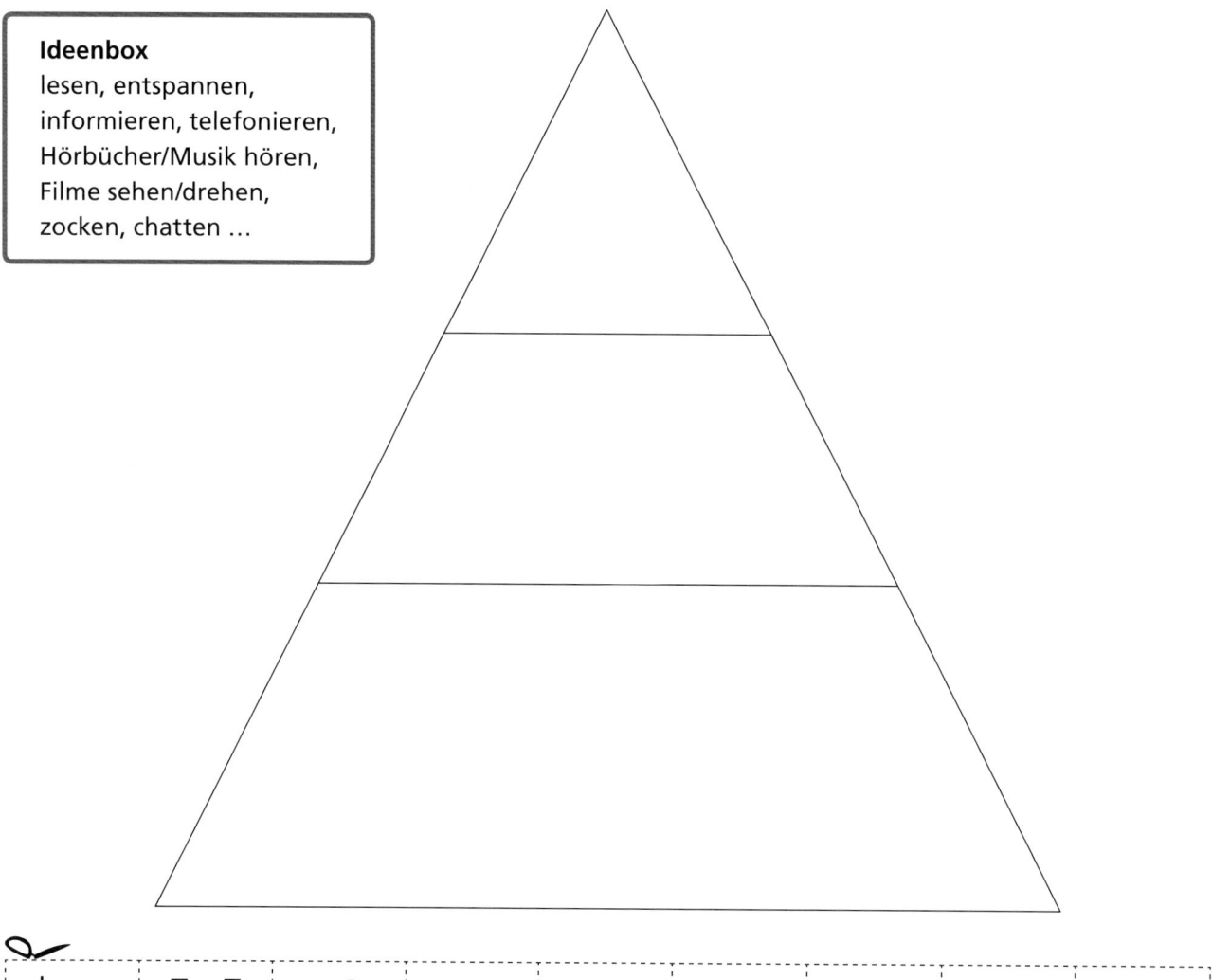

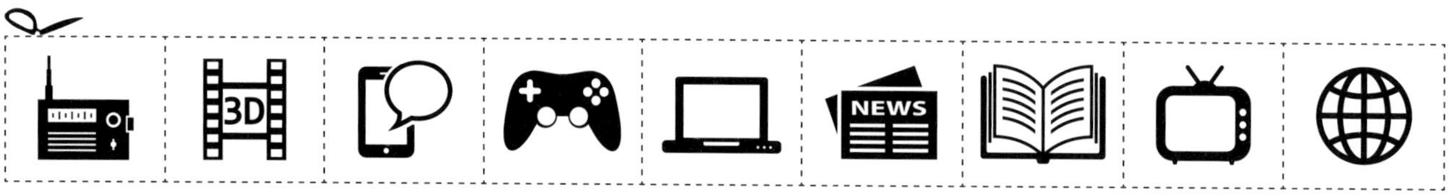

◎ Aufgaben

1. Beschreibe anhand einer Pyramide deinen Medienalltag. Das geht so:
   - Zeichne in dein Heft oder auf ein Blatt eine Pyramide, wie sie in der Abbildung oben zu sehen ist. Lege dazu das Blatt oder dein Heft quer.
   - Schneide die Symbole aus und klebe sie in die Pyramide ein. Klebe ganz <u>oben</u> auf, welche Medien du am liebsten/am meisten nutzt, in die <u>Mitte</u>, welche du ab und zu nutzt, und <u>unten</u>, welche Medien du selten nutzt.
   - Schreibe <u>neben</u> die Pyramide in rot, wie viel Zeit du mit dem jeweiligen Medium am Tag oder in der Woche verbringst.
   - Schreibe <u>neben</u> die Pyramide in blau, wozu du die einzelnen Medien nutzt (siehe Ideenbox).
2. Stelle deine Ergebnisse in der Klasse vor. Was überrascht dich, was nicht?
3. Führt in der Klasse eine Diskussion darüber, wie sich die Medien im Laufe der Zeit verändert haben und wie ihr heute Medien nutzt.
4. ★ Vergleiche deine eigene Mediennutzung mit der Mediennutzung in der Schule. Welche Gemeinsamkeiten oder Unterschiede gibt es? Woran liegt das?

Neue Medien | Handy und Smartphone | Lehrerhinweise

Handy und Smartphone

Darum geht's

Die Schüler*innen füllen einen Handy-Fragebogen aus und reflektieren auf Basis der Ergebnisse ihren Handykonsum. Der Ablauf der Stunde zeigt sich wie folgt:
- Austausch über Handy-Erfahrungen
- Ausfüllen und Auswertung des Fragebogens
- Darstellen der Ergebnisse auf Plakaten
- Präsentation und Auswertung der Ergebnisse

Zielkompetenzen

Die Schüler*innen
- beschreiben, analysieren und reflektieren ihre eigene Handynutzung und
- überprüfen so ihren Medienkonsum.

Material

- Arbeitsblatt „Meine Handy-Erfahrungen" (S. 14)
- Arbeitsblatt „Handynutzung – Fragebogen" (S. 15–17)
- Smartphones der Schüler*innen
- 2 (Blanko-)Plakate in DIN A3
- ggf. dicke Stifte für die Plakate

◎ Vorbereitung

Kopieren Sie die Arbeitsblätter in Klassenstärke und legen Sie die Materialien bereit. Bitten Sie Ihre Schüler*innen, ihr Handy aufgeladen mitzubringen. Notieren Sie die Sätze, die auf dem Arbeitsblatt „Meine Handy-Erfahrungen" stehen, an der Tafel.

◎ Stundenverlauf

Einstieg

⏱ ca. 10 Minuten

Teilen Sie zum Stundeneinstieg das Arbeitsblatt „Meine Handy-Erfahrungen" aus. Erklären Sie Ihren Schüler*innen die Aufgabe, indem Sie die Sätze einmal vervollständigen und dabei auf Ihre eigenen Erfahrungen zurückgreifen, z.B.: „Ich mag mein Handy, weil ich damit meine Termine im Griff habe." und „Ich mag mein Handy nicht, weil ich manchmal viel zu viel Zeit damit verbringe." Sammeln Sie die Schülerrückmeldungen anschließend dazu an der Tafel und leiten Sie dann zum Fragebogen über.

Arbeitsphase 1

⏱ ca. 15 Minuten

Teilen Sie das Arbeitsblatt „Handynutzung – Fragebogen" aus und lassen Sie den Fragebogen in Einzelarbeit ausfüllen (Aufgabe 1). Lassen Sie es zu, dass die Schüler*innen ihr Handy benutzen, und bitten Sie sie, die Fragen ehrlich zu beantworten, weil nur so ein realistisches Bild des Handykonsums entsteht. Lernende, die kein eigenes Handy haben, suchen sich eine*n Partner*in mit Handy.

Arbeitsphase 2

⏱ ca. 35 Minuten

Sammeln Sie alle Fragebögen ein und sortieren Sie diese nach Teil 1 und Teil 2. Lassen Sie die Teile von zwei Gruppen à vier bis fünf Personen auswerten und die Ergebnisse schriftlich auf einem Plakat festhalten (Aufgabe 2). Für die anderen Schüler*innen gäbe es folgende Möglichkeiten:
a) Sie bereiten in Gruppen von drei bis sechs Personen ein kurzes Rollenspiel vor zu der Frage „Wie viel Handy pro Tag ist in Ordnung?". Je nach Anzahl der Lernenden belegen sie unterschiedliche Rollen (Eltern, Kinder, Freund*innen etc.). Sie überlegen, wie die Personen argumentieren würden, und suchen nach verschiedenen Lösungsmöglichkeiten.
b) Sie beschreiben schriftlich, in welchen Situationen es oftmals zu Stress mit Eltern/Lehrer*innen/Erwachsenen kommt, wenn es um die Handynutzung geht, und suchen nach Gründen dafür.

Präsentation und Auswertung

⏱ ca. 30 Minuten

Die Gruppen stellen ihre Ergebnisse vor und werten sie mit der Klasse zusammen aus. (Aufgabe 3). Mögliche Impulsfragen für die Auswertung finden sich auf dem Arbeitsblatt.

Neue Medien | **Handy und Smartphone** | Arbeitsblatt

Meine Handy-Erfahrungen

◎ Aufgabe

Welche Erfahrungen habt ihr/haben Bekannte von euch im Umgang mit dem Handy gemacht? Denkt an Verabredungen, Fotos, Videos, Sprachnachrichten, Kosten, Dauer eurer Nutzung etc.

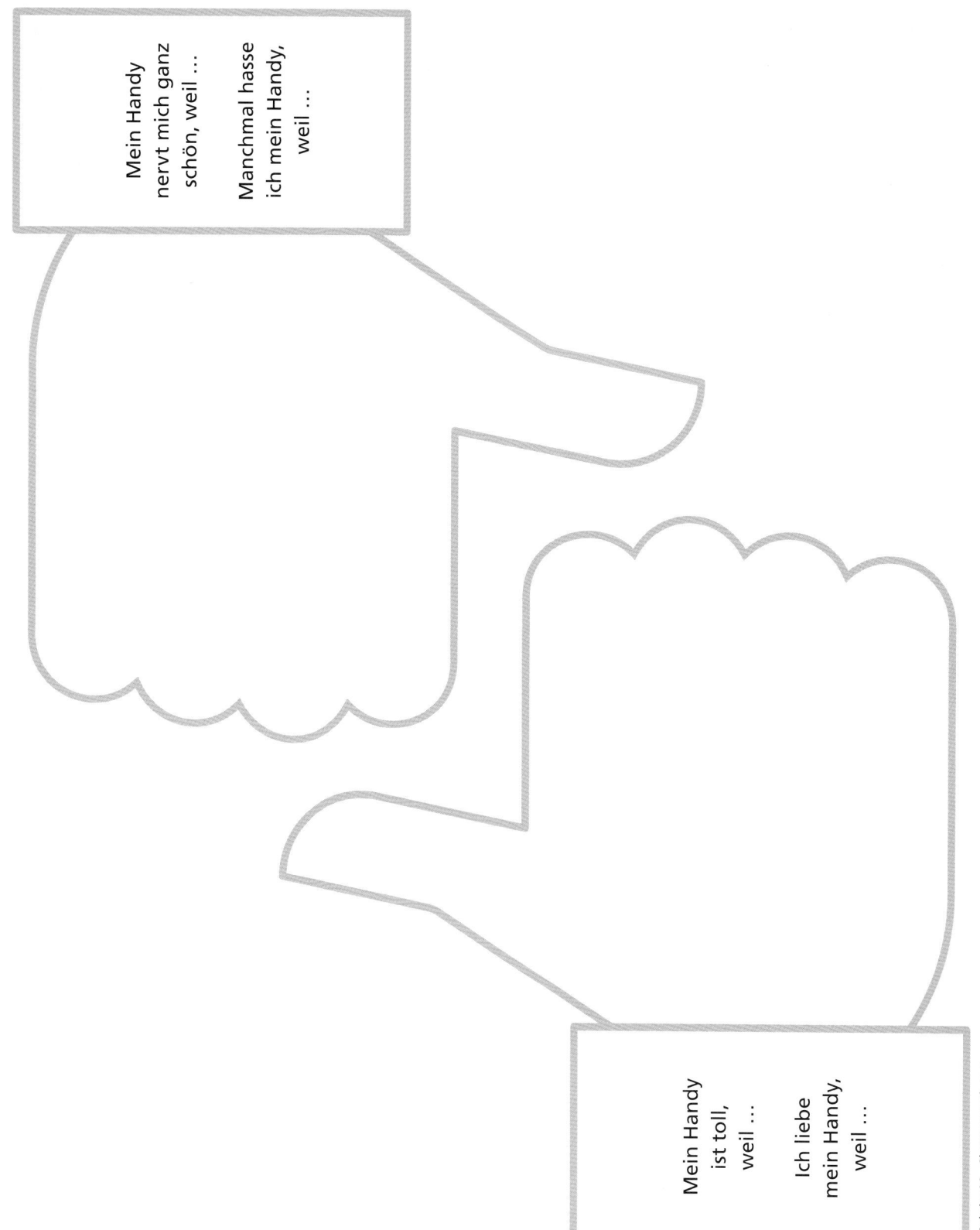

Mein Handy nervt mich ganz schön, weil …

Manchmal hasse ich mein Handy, weil …

Mein Handy ist toll, weil …

Ich liebe mein Handy, weil …

Neue Medien | **Handy und Smartphone** | Arbeitsblatt

Handynutzung – Fragebogen (1/3)

◎ Teil I – Rund ums Handy

1. Angaben zu deiner Person
☐ Junge ☐ Mädchen Alter .... Klasse ....

2. Seit wann besitzt du ein eigenes Handy?
☐ seit der 1./2. Klasse ☐ seit der 3./4. Klasse
☐ seit der 5. Klasse ☐ nach der 5. Klasse
☐ Ich besitze kein eigenes Handy.

3. Wie viele Stunden am Tag nutzt du in etwa dein Handy?
☐ ca. 0–0,5 Std. ☐ ca. 0,5–1 Std. ☐ ca. 1–2 Std. ☐ ca. 2–3 Std. ☐ länger als 3 Std.

4. Wie viele Stunden bist du täglich mit deinem Handy online?
☐ ca. 0–0,5 Std. ☐ ca. 0,5–1 Std. ☐ ca. 1–2 Std. ☐ ca. 2–3 Std. ☐ länger als 3 Std.

5. Wie viele Apps hast du insgesamt auf deinem Handy?
☐ ca. 1–10 ☐ ca. 10–20 ☐ ca. 20–50 ☐ ca. 50–70 ☐ mehr als 70

6. Inwiefern wissen deine Eltern, was du mit dem Handy machst?
☐ Sie haben keine Ahnung. ☐ Sie fragen mich manchmal. ☐ Sie gucken manchmal zusammen mit mir ins Handy. ☐ Sie kontrollieren das Handy manchmal.

7. Gibt es bei dir zu Hause Regeln für den Umgang mit dem Handy?
☐ Ja, es gibt Regeln. ☐ Nein, es gibt keine Regeln.

Wenn „Ja" angekreuzt, welche?

....

8. Brauchst du länger für deine Hausaufgaben, wenn dein Handy in der Nähe liegt?
☐ Ja ☐ Nein ☐ Weiß ich nicht.

9. Wie hoch ist deine monatliche Handy-Rechnung im Durchschnitt?
☐ ca. 0–5 EUR ☐ ca. 5–10 EUR ☐ ca. 10–20 EUR ☐ ca. 20–50 EUR ☐ Weiß ich nicht.

10. Hattest du wegen des Handys schon finanzielle Probleme?
☐ Ja, aber das kommt selten vor. ☐ Ja, das kommt öfters vor. ☐ Nein, noch nie.

Neue Medien | **Handy und Smartphone** | Arbeitsblatt

Handynutzung – Fragebogen (2/3)

◎ Teil II – Nutzung

11. Wie häufig nutzt du die Funktionen deines Handys?

	sehr oft	eher oft	eher selten	gar nicht	kann das Handy nicht
Telefonieren					
Nachrichten senden (WhatsApp, SMS)					
im Internet Zeit verbringen					
im Internet gezielt nach Infos suchen					
Musik hören					
Radio hören					
Videos oder Fotos anschauen					
Videos oder Fotos machen					
Fernsehen/Streaming					
soziale Netzwerke (Snapchat, Instagram etc.)					
Bluetooth					
GPS-Funktion (Navigation, Ortung etc.)					
Wecker					
Organisation (Kalender, Erinnerungen etc.)					
E-Mails					
Offline-Spiele					
Online-Spiele					
Servicedienste (Wetter, Bahn etc.)					
Sonstiges, nämlich:					

12. Könntest du auch ohne ein Handy auskommen oder für einen Zeitraum darauf verzichten?

☐ Nein, ohne Handy könnte ich nicht mehr auskommen.

☐ Ich könnte für ein paar Tage auf mein Handy verzichten.

☐ Ich könnte für einige Wochen auf mein Handy verzichten.

☐ Ja, ich könnte auch ohne ein Handy auskommen.

Neue Medien | **Handy und Smartphone** | Arbeitsblatt

Handynutzung – Fragebogen (3/3)

◎ Aufgaben

1. Fülle den Fragenbogen aus. Versuche, möglichst ehrlich zu antworten.
2. Arbeitet in Gruppen: Wertet den Fragebogen aus und haltet die Ergebnisse auf einem Plakat fest.
3. Stellt die Ergebnisse der Klasse vor und sprecht im Plenum darüber:
   - Was fällt euch auf? Welche Ergebnisse haben euch wenig oder besonders überrascht?
   - Wo gibt es große Übereinstimmungen oder Unterschiede in eurer Klasse?
   - Was findet ihr gut oder schlecht?
   - Möchtet ihr nach der Auswertung etwas an eurem Handyverhalten ändern?
4. Wie oft nutzt du dein Handy wirklich? Führe zwei Tage lang ein Protokoll. Vergleiche dein Ergebnis mit der Schätzung aus dem Fragebogen.

	Tag 1		Tag 2	
	Wie oft nimmst du dein Handy in die Hand?	Wie viele Minuten benutzt du dein Handy?	Wie oft nimmst du dein Handy in die Hand?	Wie viele Minuten benutzt du dein Handy?
0–6 Uhr				
6–8 Uhr				
8–10 Uhr				
10–12 Uhr				
12–14 Uhr				
14–16 Uhr				
16–18 Uhr				
18–20 Uhr				
20–22 Uhr				
22–0 Uhr				
Gesamt				

Tipp: Hast du das Gefühl, dass du manchmal zu viel Zeit mit deinem Handy verbringst und möchtest du das eventuell ändern? Es gibt Apps, die dir dabei helfen können, weil sie aufzeichnen, wie lange du täglich dein Handy benutzt. Mit ihnen kannst du z. B. selbst gesetzte Einschränkungen und spontane oder eingeplante Pausen in der Handynutzung festlegen.

Smartphone – Mehr als nur telefonieren

Darum geht's

Die Schüler*innen wenden verschiedene Apps auf ihren Handys an, stellen sie vor und reflektieren ihren Nutzen für den eigenen Gebrauch. Der Ablauf der Stunde zeigt sich wie folgt:
- Erstellen eines Terminplans mithilfe einer Kalender-App
- Erstellen und Vorstellen von Steckbriefen zu verschiedenen kostenlosen Apps
- Diskussion über den Nutzen von Apps

Zielkompetenzen

Die Schüler*innen
- wenden verschiedene Apps an und nutzen das Handy als vielseitig einsetzbares Medium,
- untersuchen verschiedene Smartphone-Apps und beurteilen sie und
- debattieren über den Nutzen von Apps.

Material

- Arbeitsblatt „Smartphone – Mehr als nur telefonieren" (S. 19)
- Arbeitsblatt „Steckbrief: Meine App" (S. 20)
- Smartphones der Schüler*innen

◎ Vorbereitung

Kopieren Sie die Arbeitsblätter jeweils in Klassenstärke. Bitten Sie die Schüler*innen, ihre Smartphones aufgeladen mitzubringen. Notieren Sie die Fragen aus dem Einstieg an der Tafel.

◎ Stundenverlauf

Einstieg

🕐 ca. 10 Minuten

Beginnen Sie die Stunde mit einer Partnerarbeit in der sich die Schüler*innen mündlich über folgende Impulsfragen austauschen:
- *Wie können das Smartphone oder das Internet im Alltag oder beim Lernen helfen?*
- *Welche Apps nutzt ihr/kennt ihr, die euch im Alltag oder beim Lernen unterstützen?*
- *Welche Erfahrungen habt ihr damit gemacht?*

Arbeitsphase 1

🕐 ca. 20 Minuten

Teilen Sie das Arbeitsblatt „Smartphone – Mehr als nur telefonieren" aus und fordern Sie Ihre Lernenden auf, sich in Partnerarbeit mit einer Kalender-App vertraut zu machen (Aufgabe 1). Für die Bearbeitung des Arbeitsblattes müssen die Schüler*innen auf ihr Smartphone zurückgreifen. Lernende, die kein eigenes haben, suchen sich eine*n Partner*in mit Handy.

Sicherung

🕐 ca. 10 Minuten

Die Schüler*innen berichten in der Klasse darüber, wie sie beim Eintragen der Termine vorgegangen sind und welche Probleme es bei der Handhabung der App gab (Aufgabe 2). Anschließend diskutieren sie im Plenum über den Nutzen und die Vor- und Nachteile von digitalen Kalendern (Aufgabe 3).

Arbeitsphase 2

🕐 ca. 30 Minuten

Bilden Sie 2er oder 3er-Gruppen und teilen Sie das Arbeitsblatt „Steckbrief: Meine App" aus. Die Gruppen sollen mithilfe des Steckbriefs eine App untersuchen. Achten Sie darauf, dass nur kostenlose Apps und keine sozialen Netzwerke vorgestellt werden. Überlegen Sie vorab gemeinsam, welche Apps sich zum Vorstellen eignen (z. B. Fitness-, Musik-, Lern-Apps).

Präsentation und Reflexion

🕐 ca. 20 Minuten

Die Gruppen stellen ihre Steckbriefe vor (Aufgabe 2). Je nach Ausstattung der Schule können die Apps auch über einen Beamer gezeigt werden. Bitte beachten Sie jedoch, dass oftmals weitere technische Hilfsmittel, wie Kabel und Adapter, für die verschiedenen Handys benötigt werden. Anschließend diskutieren die Lernenden anhand der Impulsfragen auf dem Arbeitsblatt über den Nutzen von Apps (Aufgabe 3).

Smartphone – Mehr als nur telefonieren

◎ Die Kalender-App

Valentins Termine

22.08.	Geburtstag von Onkel Fred mit jährlicher Erinnerung
täglich 16 Uhr	Hausaufgaben mit Erinnerung
montags 15.30 Uhr	Nachhilfe bei Herrn Hempel
02.03.	Klassenarbeit in Mathe mit Erinnerung
28.06.–04.07.	Ferienspiele
05.07.	14 Uhr Schwimmbad, freier Eintritt
18.05.	18 Uhr Kinobesuch mit Alex
mittwochs 17–18 Uhr	Judotraining
27.05.	15 Uhr Judo-Wettkampf
05.10.–09.10.	Klassenfahrt in die Jugendherberge nach Berlin
dienstags 14.30 Uhr	Trompetenunterricht in der Musikschule, Weimarer Straße 216, 50170 Kerpen
08.05. 15–18 Uhr	Vereinsfest bei der Feuerwehr
10.05.	Muttertag
24.05.	Party von Dilay um 17 Uhr
donnerstags 18.30 Uhr	Lieblingsserie „Talentshow" im TV
28.04.	Arzttermin um 14.45 Uhr bei Dr. Wolf, Gartenstraße 5, 50171 Kerpen

◎ Aufgaben

1. Suche dir eine Partnerin oder einen Partner und öffnet die Kalender-App eures Handys.
   a) Seht euch zusammen die verschiedenen Funktionen und Möglichkeiten der App an und macht euch mit den Einstellungsmöglichkeiten vertraut.
   b) Erstellt für Valentin mit der App einen Kalender und tragt mindestens fünf seiner Termine aus der Liste ein.
2. Stellt in der Klasse eure Kalender-App vor. Hat alles funktioniert oder gab es Probleme? Wie ist die Handhabung der App?
3. Würdet ihr die App zukünftig nutzen oder euch lieber für einen herkömmlichen Kalender und Terminplaner aus Papier entscheiden? Diskutiert in der Klasse und begründet eure Meinung.
4. Für welche Unterrichtsfächer würdest du dir Programme zum Lernen wünschen? Wozu würdest du die Programme gerne nutzen? Beantworte die Fragen schriftlich in dein Heft.

Neue Medien | **Smartphone – Mehr als nur telefonieren** | Arbeitsblatt

Steckbrief: Meine App

Name der App:
....

Diese Möglichkeiten bietet die App:
....

So viel Speicherplatz benötigt die App:
....

◎ Bewertung der App

		ja	nein	weiß nicht
1	Ist die App einfach zu bedienen?			
2	Sind alle Inhalte der App auf Deutsch?			
3	Enthält die App Werbung?			
	Wenn ja, ist die Werbung störend?			
4	Erfüllt die App deine Erwartungen?			
	Begründung:			
5	Wie viele Sterne würdest du insgesamt vergeben?	☆ ☆ ☆ ☆ ☆		

◎ Aufgaben

1. **Arbeitet in Gruppen: Untersucht eine kostenlose App, die auf eurem Handy installiert ist und die euch beim Lernen hilft oder euch in eurem Alltag unterstützt. Füllt dazu gemeinsam den Steckbrief aus.**
    a) Beschreibt möglichst genau, was man alles mit der App machen kann. Welche Funktionen und Möglichkeiten gibt es?
    b) Bewertet die App und begründet eure Meinung.
2. Stellt den Steckbrief eurer Klasse vor.
3. Diskutiert im Plenum über den Nutzen von Apps: Können Sie euch im Alltag oder beim Lernen unterstützen oder sind es nur „unnötige Programme"? Wann helfen euch Apps und wann nicht?

Chatiquette: Regeln für den (Klassen-)Chat

Darum geht's

Die Schüler*innen erarbeiten Regeln für einen guten Umgang im Internet. Der Ablauf der Stunde zeigt sich wie folgt:
- Erarbeiten der Vor- und Nachteile von WhatsApp
- Diskussion über Handy-Verhaltensregeln
- Entwickeln von Regeln für den (Klassen-)Chat
- Erstellen von Regel-Plakaten

Zielkompetenzen

Die Schüler*innen
- analysieren die Vor- und Nachteile von Chatgruppen am Beispiel von WhatsApp,
- entwickeln gemeinsam verbindliche Regeln für einen guten Umgang im Internet und
- gehen verantwortungsbewusst mit Meinungsäußerungen im Netz um.

Material

- Arbeitsblatt „WhatsApp-Stress?" (S. 22)
- Arbeitsblatt „Regeln für den (Klassen-)Chat" (S. 23)
- 8–10 (Blanko-)Blätter in DIN A3 für die Placemat-Methode
- 4–6 (Blanko-)Plakate in DIN A2
- ggf. dicke Stifte für die Plakate

◎ Vorbereitung

Kopieren Sie die Arbeitsblätter in Klassenstärke und legen Sie die weiteren Materialien bereit.

◎ Stundenverlauf

Einstieg

ca. 5 Minuten

Führen zum Beginn der Stunde ein kurzes Blitzlicht mit Ihren Schüler*innen durch. Stellen Sie dabei folgende Frage: *„Was fällt euch ganz allgemein zum Thema ‚WhatsApp' ein?"* Greifen Sie die genannten Vor- und Nachteile auf und leiten Sie zum Arbeitsblatt „WhatsApp-Stress" über.

Arbeitsphase 1

ca. 10 Minuten

Teilen Sie das Arbeitsblatt aus und lassen Sie die Lernenden in Partnerarbeit die Vor- und Nachteile von WhatsApp erarbeiten (Aufgabe 1).

Sicherung

ca. 10 Minuten

Die Ergebnisse aus der Arbeitsphase sollen in die anschließende Diskussion im Plenum miteinfließen (Aufgabe 2), die anhand der Impulsfragen auf dem Arbeitsblatt geführt wird.

Arbeitsphase 2

ca. 25 Minuten

Teilen Sie Ihre Schüler*innen in Gruppen à drei bis vier Personen auf. Verteilen Sie anschließend das Arbeitsblatt „Regeln für den (Klassen-)Chat" und pro Gruppe ein DIN-A3-Blatt. Lassen Sie die Lernenden die Aufgabe 1 mithilfe der Placemat-Methode bearbeiten.

Präsentation

ca. 20 Minuten

Anschließend präsentieren die Schüler*innen die Ergebnisse aus der Gruppenarbeit und diskutieren über die erarbeiteten Regeln. Ziel ist es, sich auf fünf Regeln zu einigen (Aufgabe 2). Halten Sie diese Regeln an der Tafel fest. Folgende Aspekte sollten genannt werden:
- keine Beleidigungen und Beschimpfungen
- keine Weitergabe von privaten Daten, wie Adressen oder Telefonnummern
- keine Bedrohungen
- keine Sinnlosigkeiten oder Banalitäten
- keine Diskriminierungen in Bezug auf Sexualität, Herkunft und Religion

Abschluss

ca. 20 Minuten

Lassen Sie die Gruppen zu den erarbeiteten Regeln Plakate gestalten. Die beiden schönsten Plakate werden durch eine Wahl ermittelt und in der Klasse aufgehängt (Aufgabe 3).

Neue Medien | Chatiquette: Regeln für den (Klassen-)Chat | Arbeitsblatt

WhatsApp-Stress?

◎ Aufgaben

1. Suche dir eine Partnerin oder einen Partner und erläutert Vor- und Nachteile zur Nutzung von WhatsApp. Notiert eure Ergebnisse in Form einer Tabelle in euer Heft.

Vorteile	Nachteile

2. Diskutiert mit der Klasse über folgende Fragen und lasst dabei auch eure Ergebnisse aus Aufgabe 1 miteinfließen:
   - ◎ Wann stört das Handy mehr, als dass es nutzt?
   - ◎ Ist es auch okay, auf Nachrichten nicht zu antworten?
   - ◎ Wie empfindet ihr es, wenn andere ständig auf ihr Handy schauen oder eure Familie/Freunde beim gemeinsamen Essen mit anderen chatten?
   - ◎ Welche Meinung habt ihr zu einem Klassenchat oder welche Erfahrung habt ihr damit?

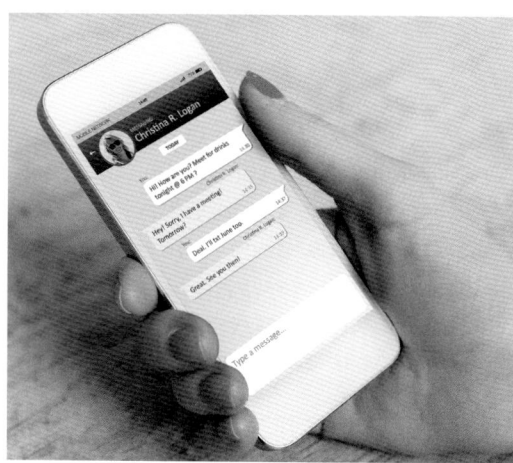

© Kaspars Grinvalds – stock.adobe.com

★ 3. Überprüfe mithilfe der WhatsApp-Statistik, wie viele Nachrichten du sendest und empfängst. Fülle dazu die Tabelle „Meine WhatsApp-Statistik" aus und berechne den Durchschnittswert pro Monat. Vergleiche deine Ergebnisse mit denen deiner Mitschülerinnen und Mitschüler. Überrascht dich das Ergebnis?

Statistik: Meine WhatsApp-Nutzung	
Nutzung seit	
Nachrichten gesendet	
Nachrichten empfangen	
Durchschnittswert „Nachrichten gesendet"	
Durchschnittswert „Nachrichten empfangen"	

Tipp:
- ◎ Öffne WhatsApp und klicke in der Chat-Übersicht auf den Menü-Button im rechten oberen Eck.
- ◎ Wähle unter „Einstellungen" die Option „Daten- und Speichernutzung".
- ◎ Klicke auf „Netzwerk-Nutzung".

Die Statistik kannst du ganz unten im Menü „Netzwerk-Nutzung" übrigens zurücksetzen, um z. B. die Anzahl der Nachrichten von genau einer Woche zu protokollieren.

★ 4. Besuche die Internetseite www.handysektor.de und sieh dir das Erklärvideo „WhatsApp-Stress" an. Erkläre, was man gegen WhatsApp-Stress tun kann, und beurteile die Empfehlungen. Schreibe in dein Heft.

Neue Medien | **Chatiquette: Regeln für den (Klassen-)Chat** | Arbeitsblatt

Regeln für den (Klassen-)Chat

Seid ihr auch in einem Klassenchat, erinnert euch an Hausaufgaben, anstehende Klassenarbeiten und tauscht euch über den Schultag aus? Falls ja, dann wisst ihr, dass das nicht immer friedlich und stressfrei abläuft. Damit es weniger Ärger gibt, hilft eine sogenannte „Chatiquette". Das sind Verhaltensregeln, an die man sich beim Chatten halten sollte. Welche das sind, bestimmt ihr!

„Placemat" – Die Platzdeckchen-Methode
Und so funktioniert's:

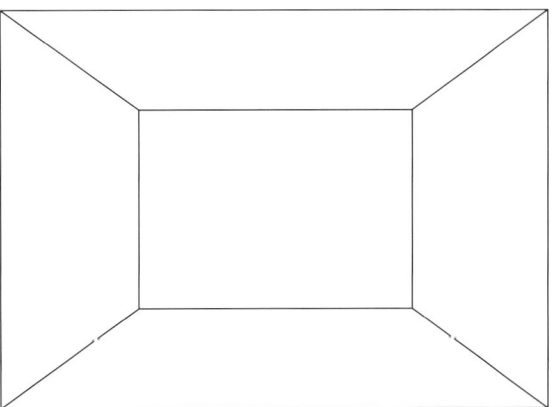

- Jede Gruppe erhält einen Bogen Papier, den sie so aufteilt, dass jede Schülerin und jeder Schüler ein eigenes Feld vor sich hat und in der Mitte ein Feld für die Gruppenergebnisse frei bleibt.
- Jede Schülerin und jeder Schüler notiert in seinem Schülerfeld mindestens drei Regeln.

Tipp: Denkt an eure jetzige Chatsituation: Was läuft gut und soll so bleiben? Worüber ärgert ihr euch zurzeit und wie kann es besser werden? Formuliert daraus Regeln.

- Sprecht über eure Ergebnisse und vergleicht sie. Dazu könnt ihr das Blatt im Uhrzeigersinn drehen, sodass alle Gruppenmitglieder die Notizen der anderen lesen können.
- Entwickelt nun in der Gruppe ein gemeinsames Ergebnis. Einigt euch auf drei gemeinsame Regeln und tragt sie in das Gruppenfeld in der Mitte ein.

◎ Aufgaben

1. Arbeitet in Gruppen und benennt Regeln, die euch für eure Chatgruppen wichtig sind. Geht dabei nach der Placemat-Methode vor.
2. Stellt eure Ergebnisse in der Klasse vor und diskutiert sie. Findet ein gemeinsames Ergebnis und haltet die wichtigsten Regeln an der Tafel fest.
3. Erstellt ein großes Plakat, auf dem ihr die Regeln gut lesbar aufschreibt. Gestaltet es mit Bildern, Symbolen oder Zeichnungen. Wählt die beiden schönsten Plakate aus und hängt sie in der Klasse auf.
4. ★ Überlegt im Plenum, was passieren soll, wenn jemand die Regeln verletzt.
5. ★ Besuche die Internetseite http://medien-knigge.de und sieh dir das „Knigge-Meter" an. Hier kannst du über die Top-10-Regeln abstimmen oder eine neue Regel für die Umgangsformen im Netz einreichen.

Neue Medien | Safer Smartphone | Lehrerhinweise

Safer Smartphone

Darum geht's

Die Schüler*innen lernen App-Berechtigungen kennen und überprüfen die Sicherheit ihres Smartphones. Dadurch lernen sie, App-Berechtigungen einzuschätzen und die Einstellungen und Funktionen ihres Handys auf Sicherheitsaspekte hin zu kontrollieren. Der Ablauf der Stunde zeigt sich wie folgt:
- Zeigen der Erklärvideos zum Thema App-Berechtigungen
- Zuordnen von Zugriffsberechtigungen und Umschreibung von App-Funktionen
- Auseinandersetzen mit Chancen und Risiken bei der Vergabe von App-Berechtigungen
- Überprüfen der Sicherheitseinstellungen der Schülerhandys

Zielkompetenzen

Die Schüler*innen
- setzen sich mit App-Berechtigungen kritisch auseinander und lernen ihren Nutzen und die Risiken kennen,
- setzen Tipps zum richtigen App-Kauf bzw. -Download kreativ um und
- machen sich mit den Einstellungen ihrer Smartphones vertraut und überprüfen ihre Geräte auf Sicherheit.

Material

- Arbeitsblatt „App-Berechtigungen" (S. 26)
- Arbeitsblatt „Mein Smartphone unter der Lupe" (S. 27)
- Smartphones der Schüler*innen
- Erklärvideos von www.handysektor.de
  - Was sind eigentlich App-Berechtigungen? (2:54 Min.)
  - Appgesichert – Worauf muss ich beim App-Kauf achten? (2:41 Min.)
- PC, Laptop oder Tablet zum Zeigen der Videos
- Beamer oder Whiteboard zum Zeigen der Videos

Vorbereitung

Kopieren Sie die Arbeitsblätter in Klassenstärke. Bitten Sie die Schüler*innen, ihre Smartphones aufgeladen für die Unterrichtseinheit mitzubringen, und bereiten Sie die Präsentation der Erklärvideos vor.

Stundenverlauf

Einstieg

ca. 10 Minuten

Zeigen Sie das Video „Was sind eigentlich App-Berechtigungen?". Am Beispiel von WhatsApp wird gezeigt, welche Berechtigungen notwendig und welche Zugriffe kritisch sind. Holen Sie anschließend von den Schüler*innen ein kurzes Feedback zum Video ein, ohne dies zu kommentieren.

Arbeitsphase 1

ca. 30 Minuten

Teilen Sie das Arbeitsblatt „App-Berechtigungen" aus und lassen Sie die Schüler*innen die Aufgabe 1 bearbeiten, in der sich die Lernenden näher mit dem Thema „App-Berechtigungen" auseinandersetzen und überlegen, welchen realen Personen sie welche Zugriffe gestatten würden. Besprechen Sie die Ergebnisse anschließend im Plenum (Aufgabe 2).
Zeigen Sie nach ca. 15 Minuten das Video „Appgesichert – Worauf muss ich beim App-Kauf achten?" und lassen Sie die Schüler*innen die Tipps schriftlich notieren (Aufgabe 3a). Die Tipps aus dem Video sind:
- AGBs (Mindestalter/Kosten) prüfen
- App-Berechtigungen überprüfen
- In-App-Käufe deaktivieren
- nicht auf Werbebanner in Apps klicken
- Apps regelmäßig updaten und ausmisten
- App bei Unzufriedenheit zurückgeben

Neue Medien | Safer Smartphone | Lehrerhinweise

Sicherung 1

🕐 **ca. 10 Minuten**

Besprechen Sie die Tipps anschließend im Plenum und lassen Sie sie von den Lernenden bewerten (Aufgabe 3b):
- *Welche Tipps kennt ihr bereits?*
- *Welche Tipps findet ihr hilfreich/sinnvoll/ praktikabel und warum?*
- *Welche Tipps würdet ihr zukünftig umsetzen?*

Sollten Sie noch Zeit haben oder einzelne Schüler*innen schneller fertig werden, können Sie die Tipps von den Lernenden kreativ auf Plakaten oder mithilfe eines Textverarbeitungsprogramms am PC bzw. auf dem Tablet umsetzen lassen. Die Arbeitsergebnisse können anschließend in der Klasse aufgehängt werden.

Arbeitsphase 2

🕐 **ca. 30 Minuten**

Teilen Sie das Arbeitsblatt „Mein Smartphone unter der Lupe" aus und lassen Sie die Schüler*innen anhand des Arbeitsblattes in Einzelarbeit ihre Handys prüfen. Bei Fragen oder Problemen sollen sich die Lernenden an Mitschüler*innen mit einem gleichen oder ähnlichen Gerät wenden. So geben sie sich ggf. gegenseitig Hilfestellung.

Wenn Ihre Schüler*innen mehr Hintergrundinformationen wünschen, können Sie sie dazu im Netz recherchieren lassen. Hierbei wäre es jedoch wünschenswert, dass sie eine Internetverbindung der Schule nutzen, da die mobile Datennutzung der Schülerhandys oftmals eingeschränkt ist.

Sicherung 2 und Reflexion

🕐 **ca. 10 Minuten**

Besprechen Sie die Ergebnisse des Sicherheitschecks. Sie können dazu auch eine kurze Abfrage in der Klasse durchführen. Mögliche Impulsfragen dazu sind:
- *Wer von euch nutzt eine Bildschirmsperre? Und welche?*
- *Wer hat ein Antiviren-Programm auf seinem Handy installiert?*
- *Wer von euch schaltet die GPS-/WLAN-Funktion aus, wenn ihr sie nicht gerade braucht?*

Gehen Sie insbesondere der Frage nach, ob die Schüler*innen meinen, dass ihr Handy sicher genug ist, oder ob sie nach der Stunde nun nachjustieren wollen.

App-Berechtigungen

Wenn du eine App auf deinem Smartphone installieren möchtest, musst du ihr eine Reihe von Berechtigungen erteilen. Sie geben an, was eine App auf deinem Handy alles tun darf. Jede App benötigt bestimmte Berechtigungen, um richtig zu funktionieren. Aber manchmal verlangen Apps mehr Berechtigungen, als sie eigentlich benötigen. Dies ist besonders bei kostenlosen und werbefinanzierten Spiele-Apps der Fall. Hierbei „bezahlst" du häufig mit deinen privaten Daten! Überlege daher genau, welche Zugriffe auf dein Handy notwendig und welche Risiken damit verbunden sind.

Das möchte die App:	Funktion:	Eltern	Lehrer/in	Beste/r Freund/in	Polizei	Unbekannte/ Unbekannter
Deine Bewegungen verfolgen, um zu wissen, wo du dich gerade befindest oder wann du wo gewesen bist.						
Deine Fotos ansehen und deine Musik anhören.						
Die Kamera unbemerkt einschalten und Videos von dir aufnehmen und ansehen.						
Deine Anrufe und Sprachnachrichten abhören und unbemerkte Aufnahmen davon machen.						
Deine Nachrichten lesen.						
Dein Adressbuch lesen und auf deine Kontaktliste zugreifen.						
Deine Termine lesen und bearbeiten.						
Deine Telefonnummern und Anruflisten lesen und Anrufe entgegennehmen.						

◎ Aufgaben

1. Lies den Text und fülle die Tabelle aus.
    a) Trage in die zweite Spalte den Namen der Funktion ein, auf die die App zugreifen möchte: Kontakte, Kamera, Kalender, Standort, Telefon, SMS, Speicher, Mikrofon
    b) Welchen Personengruppen würdest du den jeweiligen Zugriff erlauben? Kreuze an.
2. Besprecht eure Ergebnisse in der Klasse. Diskutiert darüber, ob ihr den Zugriff bei den jeweiligen Personen gut bzw. nicht gut findet.
3. Was erfährst du in dem Video „Appgesichert – Worauf muss ich beim App-Kauf achten?" von www.handysektor.de?
    a) Notiere die Tipps, die in dem Video genannt werden, in dein Heft.
    b) Bewerte die Tipps und sprich mit deiner Klasse darüber.

Neue Medien | **Safer Smartphone** | Arbeitsblatt

Mein Smartphone unter der Lupe

☐ App-Berechtigungen	Überprüfe drei bis fünf Apps, die du am häufigsten benutzt. Welche Berechtigungen werden angezeigt? Je nach Handy musst du dazu unter „Einstellungen", „Apps" oder im „Anwendungsmanager" nachschauen. Überlege, welche Berechtigungen die App unbedingt benötigt, um zu funktionieren. Die unnötigen Berechtigungen kannst du dann ausschalten, indem du den Regler auf „aus" stellst (siehe auch Tipp).
☐ Bildschirmsperre	Verriegele dein Handy mit der Bildschirmsperre. Viele Geräte können per Fingerabdruck, Gesichtserkennung oder Wischmuster entriegelt werden. Dies ist bequemer, aber nicht so sicher wie ein Code. Besonders sicher sind Codes, die aus Zahlen, Buchstaben und Sonderzeichen bestehen.
☐ Antivirus-App	Installiere eine kostenlose Antivirus-App und schütze dein Handy somit vor bösen Eindringlingen, wie Viren und Trojanern.
☐ Updates des Betriebssystems	Häufig werden über Updates (= Aktualisierungen) erst kürzlich entdeckte Sicherheitslücken geschlossen. Installiere daher alle Updates des Betriebssystems, so kannst du dich vor aktuellen Bedrohungen schützen.
☐ GPS, WLAN, Bluetooth	Schalte diese Funktionen aus, wenn du sie nicht gerade brauchst.
☐ IMEI (= Seriennummer deines Handys)	Finde die IMEI-Nummer heraus und notiere sie. Dies ist eine 15-stellige Zahlenfolge, die jedem Smartphone einmalig zugeordnet ist. Bei Diebstahl oder Verlust kannst du das Gerät dank der Nummer sperren lassen. Die IMEI findest du häufig auf einem Aufkleber, der sich unter dem Akku des Smartphones befindet, doch du kannst sie auch im Menü herausfinden.
☐ Google Play und Apple App Store	Installiere ausschließlich Apps und Spiele aus vertrauenswürdigen Quellen, wie z. B. den offiziellen App Stores. Hier sorgen die Betreiberinnen und Betreiber für die Einhaltung von Sicherheitsregeln.

Tipp: Besuche www.handysektor.de. Im „Lexikon" findest du Erklärungen zu vielen Begriffen und in der „Mediathek" Erklärvideos zu verschiedenen Fragen, z. B. wie man App-Berechtigungen nachträglich ausschaltet.
Unter „Einfach erklärt" findest du außerdem Hilfestellungen zu vielen Themen rund ums Smartphone.

◎ Aufgabe

Nimm dein Smartphone unter die Lupe und überprüfe, ob du es gut gesichert hast. Kreuze in der Tabelle an, was du bereits richtig eingestellt hast. Frage bei Problemen einen Mitschüler oder eine Mitschülerin mit dem gleichen Handy oder recherchiere im Zweifelsfall dazu im Netz.

Klassen-Challenge

Darum geht's

Die Schüler*innen stellen sich der Herausforderung von Smartphone-(Verzicht-)Aufgaben und werden für einen bewussten Umgang mit Handys im Alltag sensibilisiert. Der Ablauf der Stunde zeigt sich wie folgt:
- Spielen eines Brettspiels nach Anleitung
- Erstellen und Präsentation von „Challenge-Karten" für die Klasse
- Planung der Challenge

Zielkompetenzen

Die Schüler*innen
- beurteilen den Schwierigkeitsgrad von Handy-(Verzicht-)Aufgaben,
- führen Handy-(Verzicht-)Aufgaben durch und organisieren eine Klassen-Challenge und
- denken über einen bewussten Umgang mit Smartphones im Alltag nach.

Material

- Materialblatt „Spielplan" (S. 30)
- Materialblatt „Ereigniskarten" (S. 31)
- Materialblatt „Challenge-Karten" (S. 32)
- Arbeitsblatt „Klassen-Challenge" (S. 33)
- pro Gruppe: 1 Würfel, 4–6 Spielfiguren, 1 Stift
- 1 (Blanko-)Plakat in DIN A2
- ggf. dicke Stifte für das Plakat

◎ **Vorbereitung**

Vergrößern Sie den Spielplan, wenn möglich, auf DIN-A3-Papier und kopieren Sie ihn sowie das Materialblatt „Ereigniskarten" und das Arbeitsblatt „Klassen-Challenge" für jede 4er- bis 6er-Gruppe einmal.
Schneiden Sie die Ereigniskarten auseinander; ggf. lassen Sie sich dabei von den Schüler*innen vor Spielbeginn unterstützen. Kopieren Sie das Materialblatt „Challenge-Karten" ca. 14-mal und schneiden Sie die Karten ebenfalls auseinander. Erstellen Sie nach dem Musterplakat auf der nächsten Seite ein Plakat, auf dem die Ergebnisse der Challenge festgehalten werden.
Legen Sie die weiteren Materialien bereit.

◎ **Stundenverlauf**

Einstieg

ca. 5 Minuten

Händigen Sie zu Beginn der Stunde jeder Gruppe einen Satz Materialien und das Arbeitsblatt „Klassen-Challenge" aus. Bilden Sie anschließend Gruppen von vier bis sechs Personen und lesen Sie gemeinsam mit den Schüler*innen die Spielanleitung. Klären Sie ggf. noch offene Fragen.

Arbeitsphase 1

ca. 40 Minuten

Nun sollen die Lernenden das Spiel nach der Anleitung spielen (Aufgabe 1). Unterbrechen Sie das Spiel nach ca. 30 Minuten und geben Sie den Schüler*innen die Gelegenheit, sich in der Klasse über den Schwierigkeitsgrad der Ereigniskarten auszutauschen (Aufgabe 2).

Arbeitsphase 2

ca. 20 Minuten

Lassen Sie die Spielmaterialien einsammeln und teilen Sie anschließend einen Satz Ereigniskarten und die kopierten Challenge-Karten unter allen Gruppen auf. Lassen Sie die Schüler*innen die Aufgabe 3 bearbeiten, in der die Lernenden die ihnen zugeteilten Ereigniskarten in Challenge-Karten umwandeln. Teil der Aufgabe ist es zudem, dass sich jede Gruppe eine eigene, neue Challenge für die Klasse ausdenkt. Gruppen, die früh fertig sind, können die Karten mit passenden Bildern, Icons oder Zeichnungen gestalten.

Präsentation

ca. 10 Minuten

Die Gruppen präsentieren ihre neu ausgedachten Challenges.

Abschluss

ca. 15 Minuten

Bereiten Sie gemeinsam die Durchführung der Klassen-Challenge vor und nutzen Sie dazu das

Neue Medien | Klassen-Challenge | Lehrerhinweise

Plakat, auf dem die Ergebnisse festgehalten werden (Aufgabe 4).
Wählen Sie zusammen mit Ihren Schüler*innen aus den umgewandelten Ereigniskarten und den neu erstellen Challenges 12–15 Aufgaben für die Klassen-Challenge aus, die Ihnen und der Klasse geeignet erscheinen. Diese werden anschließend auf das Plakat geklebt und dann kann jede*r Schüler*in selbst entscheiden, welche und wie viele Challenges er*sie durchführen möchte. Halten Sie dies auf dem Plakat für jede*n Schüler*in fest, indem Sie das Feld beispielsweise mit einem Punkt markieren.

Weiterarbeit

Lassen Sie nach Ablauf des festgelegten Zeitraums die Klassen-Challenge von Ihren Schüler*innen auswerten und besprechen Sie gemeinsam die Ergebnisse (Aufgabe 5). Orientieren Sie sich dabei an den Impulsfragen aus der Aufgabenstellung.

Musterplakat

		Anzahl der Punkte						
		Schüler/ Schülerin 1	Schüler/ Schülerin 2	Schüler/ Schülerin 3	Schüler/ Schülerin 4	Schüler/ Schülerin 5	Schüler/ Schülerin 6	Schüler/ Schülerin 7
geschafft ☺	Challenge 1							
	Challenge 2							
	Challenge 3							
	Challenge 4							
Gesamtpunktzahl								

Spielplan

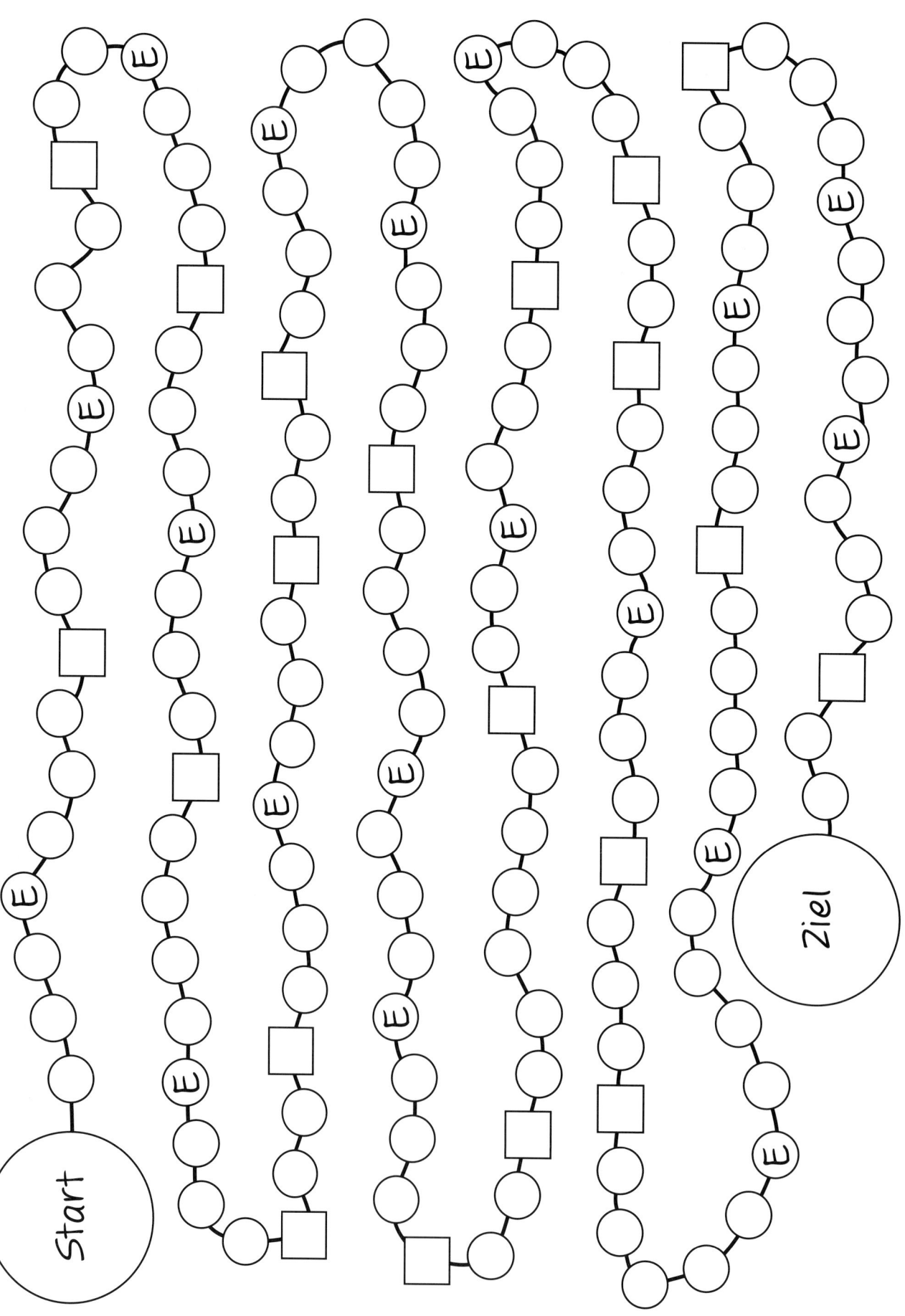

Ereigniskarten[1]

Du verzichtest heute ganz auf Emoticons und machst zu 5 Gefühlen (z. B. fröhlich, traurig) ein Selfie von dir. leicht ☆☆☆☆☆ schwer	Du legst dein Handy weg, sobald du mit anderen Leuten zusammen bist, und nutzt es nur, wenn du allein bist. leicht ☆☆☆☆☆ schwer	Du öffnest heute höchstens 3 verschiedene Apps. leicht ☆☆☆☆☆ schwer
Du schreibst heute nur Nettes und verzichtest beim Chatten auf alle Schimpfwörter und Beleidigungen. leicht ☆☆☆☆☆ schwer	Du siehst dir an, welchen Leuten du in den sozialen Netzwerken folgst, und löschst die, die nicht mehr interessant für dich sind. leicht ☆☆☆☆☆ schwer	Du nutzt für 24 Stunden keine Social Media Apps (Snapchat, Instagram etc.) leicht ☆☆☆☆☆ schwer
Du lernst eine halbe Stunde etwas über dein Handy, das du noch nicht weißt. leicht ☆☆☆☆☆ schwer	Du räumst deine Galerie und Instagram-Bilder auf und löschst die, die du nicht mehr brauchst. leicht ☆☆☆☆☆ schwer	Du antwortest in den nächsten 24 Stunden auf jeden neu erstellten Status. leicht ☆☆☆☆☆ schwer
Du mistest deine Apps aus und löschst die, die du in den letzten Monaten kaum benutzt hast. leicht ☆☆☆☆☆ schwer	Du schaltest heute dein Handy komplett aus und nutzt es einen Tag lang nicht. leicht ☆☆☆☆☆ schwer	Du spielst heute keine Spiele und hörst keine Musik mit deinem Handy. leicht ☆☆☆☆☆ schwer
Du machst zwei Tage lang keine Fotos und/oder Videos von dir. leicht ☆☆☆☆☆ schwer	Du verzichtest für 24 Stunden auf YouTube, Serien oder Filme. leicht ☆☆☆☆☆ schwer	Du nutzt heute das WLAN und deine mobilen Daten erst ab 14 Uhr. leicht ☆☆☆☆☆ schwer
Du verzichtest für 24 Stunden auf Abkürzungen und Sprachnachrichten und schreibst alles komplett aus. leicht ☆☆☆☆☆ schwer	Du legst dein Handy um 18 Uhr an einen Ort, an dem es für dich die ganze Nacht nicht mehr erreichbar ist. leicht ☆☆☆☆☆ schwer	Du zeigst deinen Eltern eine App, die du richtig toll findest. Du erklärst ihnen, wie sie funktioniert und was du daran gerne magst. leicht ☆☆☆☆☆ schwer

[1] Idee nach der Handysektor-Real-Life-Challenge auf www.handysektor.de.

6 Neue Medien | **Klassen-Challenge** | Materialblatt

Challenge-Karten

Überschrift: ....
....

Challenge-Aufgabe: ....
....
....
....
....

Zeitraum: ....
....

                                                                                                                               Punkte:

Überschrift: ....
....

Challenge-Aufgabe: ....
....
....
....
....

Zeitraum: ....
....

                                                                                                                               Punkte:

Neue Medien | **Klassen-Challenge** | Arbeitsblatt

6

Klassen-Challenge

◎ Spielanleitung

Ihr benötigt: 4–6 Spieler, 1 Würfel, 4–6 Spielfiguren, 1 Spielfeld, Ereigniskärtchen, 1 Stift **Start:** Wer die höchste Zahl würfelt, fängt an.	
Die Figur landet auf einem **Ereignisfeld („E")**: Der Spieler zieht eine Ereigniskarte und liest sie der Gruppe vor. Er ermittelt nun, wie leicht oder schwer die Gruppe die Aufgabe findet. Dazu einigt sich die Gruppe auf ein <u>gemeinsames</u> Ergebnis und der Spieler markiert die Anzahl der Sterne (1 Stern = sehr leicht, 5 Sterne = sehr schwer).	▶ 2 Schritte vor
Die Figur landet auf einem **Feld, das schon besetzt ist**.	▶ warten/aussetzen
Die Figur landet auf einem **eckigen Feld**: Der Spieler darf sich für einen Mitspieler seiner Wahl eine „Strafe" ausdenken.	▶ entweder: 1-mal aussetzen ▶ oder: bis zu maximal 5 Schritte zurück

Überschrift:
Selfies statt Emoticons

Challenge-Aufgabe:
Du verzichtest heute ganz auf Emoticons und machst zu 5 Gefühlen (z.B. fröhlich, traurig) ein Selfie von dir.

Zeitraum:
24 Stunden

Punkte: *4*

◎ Aufgaben

1. Bildet Gruppen von vier bis sechs Spielern und spielt das Spiel nach der Anleitung.
2. Welche Aufgaben findet ihr leicht, welche schwer? Tauscht euch nach dem Spiel in der Klasse über eure Sternchen-Bewertungen aus.
3. Arbeitet wieder in euren Gruppen und wandelt die Ereigniskarten in „Challenge-Karten" für eure Klasse um. Nutzt dazu den Vordruck (siehe Abb. oben).
   a) Findet eine Überschrift und beschreibt die Challenge-Aufgabe. Legt einen Zeitraum fest (max. 24 Stunden) und einigt euch auf eine Punktzahl, wenn die Challenge erfolgreich bestanden wurde (max. 5 Punkte).
   b) Denkt euch eine eigene Challenge für eure Klasse aus und präsentiert sie euren Mitschülerinnen und Mitschülern.
4. Bereitet gemeinsam die Durchführung vor: Legt einen Zeitraum fest (2–4 Wochen) und erstellt dazu ein Plakat, auf dem ihr die Ergebnisse festhaltet.
5. Wertet nach Ablauf der Zeit die Klassen-Challenge aus:
   ◎ Habt ihr die Aufgaben geschafft oder hat euer Smartphone euch im Griff?
   ◎ Welche Aufgaben wurden am häufigsten ausgesucht, welche am wenigsten?
   ◎ Welche waren besonders schwierig? Wer hat die meisten Punkte erreicht und wird Klassenkönigin oder Klassenkönig?

Umgang mit sozialen Netzwerken

Selbstdarstellung in sozialen Netzwerken

Darum geht's

Die Schüler*innen untersuchen soziale Netzwerke und überprüfen ihre Selbstdarstellung im Netz. Der Ablauf der Stunde zeigt sich wie folgt:
- Ermitteln der beliebtesten Netzwerke der Klasse
- Erstellen von Plakaten zu sozialen Netzwerken
- Informationssuche zur Selbstdarstellung der Schüler*innen im Netz
- kritische Reflexion der Selbstdarstellung

Zielkompetenzen

Die Schüler*innen
- wissen, was ein soziales Netzwerk ist,
- setzen sich mit deren Vor- und Nachteilen auseinander und nennen Gründe für die hohe Nutzung,
- nutzen das Internet zur Datenrecherche zu ihrer eigenen Person und
- analysieren ihre Selbstdarstellung im Netz.

Material

- Folienvorlage „Soziale Netzwerke" (S. 38)
- Arbeitsblatt „Soziale Netzwerke" (S. 39)
- Arbeitsblatt „Internet-Detektive: Was steht über mich im Netz?" (S. 40)
- OHP
- Folienstift
- Smartphones der Schüler*innen
- (Blanko-)Plakate DIN A3
- ggf. dicke Stifte für die Plakate
- internetfähige Geräte (PC, Laptop, Tablet)

Vorbereitung

Kopieren Sie die Arbeitsblätter in Klassenstärke und ziehen Sie die Vorlage auf Folie. Legen Sie die weiteren Materialen bereit. Bitten Sie die Klasse, ihre Smartphones aufgeladen zur Stunde mitzubringen, und gehen Sie in den Computerraum oder teilen Sie – falls vorhanden – die Tablets aus.

Stundenverlauf

Einstieg

ca. 10 Minuten

Lassen Sie sich zu Beginn der Stunde von Ihren Schüler*innen erklären, was sie unter dem Begriff „soziales Netzwerk" verstehen (Menschen, die aufgrund von gemeinsamen Interessen und Ansichten über das Internet miteinander verbunden sind) und welche Netzwerke sie kennen. Teilen Sie jetzt das Arbeitsblatt „Soziale Netzwerke" aus. Lassen Sie den Infotext lesen und gleichen Sie ihn im Plenum mit den Schülerklärungen ab. Klären Sie ggf. noch offene Fragen.

Arbeitsphase 1

ca. 40 Minuten

Legen Sie die Folie auf den OHP und besprechen Sie für die Aufgabe 1 des Arbeitsblattes „Soziale Netzwerke", dass die Lernenden nicht nur das Netzwerk kennen, sondern selbst mit einem Benutzerkonto dort angemeldet sein müssen. Sammeln Sie anschließend die Anmeldungen aller Schüler*innen Ihrer Klasse. Tragen Sie die Anzahl der Anmeldungen auf der Folie ein und ermitteln Sie so die fünf beliebtesten Netzwerke der Klasse. Sprechen Sie über die Gründe der Netzwerkanmeldungen im Plenum (Aufgabe 2).
Teilen Sie für die Aufgabe 3 die Klasse in Gruppen von drei bis vier Personen ein. Es sollten nach Möglichkeit viele unterschiedliche Netzwerke vorgestellt werden und diejenigen Schüler*innen zusammenarbeiten, die beim selben Netzwerk angemeldet sind. Sollte es Schüler*innen geben, die in keinem Netzwerk angemeldet sind, so verteilen Sie diese auf die bestehenden Gruppen. Orientieren Sie sich bei der Gruppenbildung an dem „Spinnennetz". Hier können Sie sehen, welche Netzwerke in Ihrer Klasse vertreten sind, und die Schüler gezielt bitten, diese vorzustellen. Die Lernenden dürfen bei dieser Aufgabe ihr Smartphone benutzen und sich im Netzwerk anmelden. Teilen Sie Plakate und ggf. Stifte an die Schüler*innen aus.

Präsentation

⏱ ca. 10 Minuten

Lassen Sie einige Gruppen ihre Steckbriefe vorstellen (Aufgabe 4). Machen Sie den Schüler*innen deutlich, dass die Bewertung der Netzwerke subjektiv ist und es daher kein Richtig oder Falsch geben kann. Auf die Risiken (Datenpreisgabe, Mobbing etc.) und den sicheren Umgang (z. B. die Vergabe von App-Berechtigungen) wird in anderen Unterrichtseinheiten ausführlich eingegangen.

Arbeitsphase 2

⏱ ca. 20 Minuten

Lassen Sie die Schüler*innen in Einzelarbeit die Aufgaben des Arbeitsblattes „Internet-Detektive: Was steht über mich im Netz?" bearbeiten. Hierzu benötigen die Lernenden einen Internetzugang, um die eigene Person mithilfe einer Suchmaschine suchen zu können.

Sicherung und Reflexion

⏱ ca. 10 Minuten

Sprechen Sie über die Ergebnisse der Internetrecherche und der Aufgabe 2 im Plenum. Weisen Sie Ihre Schüler*innen darauf hin, dass sie ihre Darstellung im Netz selbstkritisch hinterfragen. Überlegen Sie in einem Unterrichtsgespräch, wie andere Personen die Informationen im Netz, wie Texte, Fotos, Kommentare, Likes usw., beurteilen würden, z. B.

- die Eltern, die wissen wollen, was ihr Kind im Netz so treibt.
- ein Firmenchef, bei dem die Schüler*innen demnächst ein Praktikum machen möchten.
- ein Unbekannter im Netz.

Soziale Netzwerke

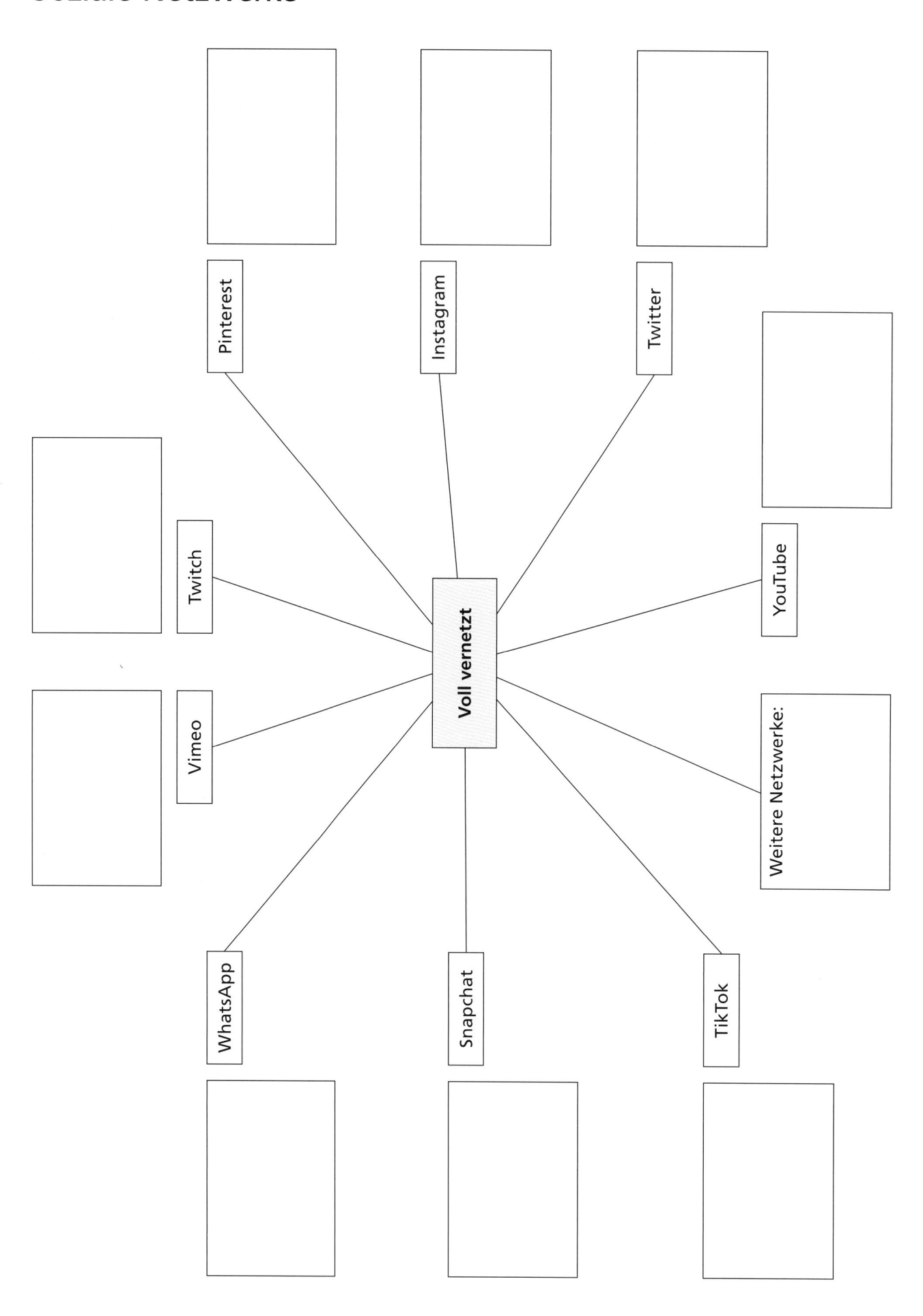

Voll vernetzt

- Pinterest
- Instagram
- Twitter
- Twitch
- YouTube
- Vimeo
- Weitere Netzwerke:
- WhatsApp
- Snapchat
- TikTok

Umgang mit sozialen Netzwerken | **Selbstdarstellung in sozialen Netzwerken** | Arbeitsblatt

7

Soziale Netzwerke

Ein soziales Netzwerk (engl.: social network) ist ein Zusammenschluss von vielen Personen im Internet. Hier treffen sich Menschen aus aller Welt, um sich auszutauschen. Zu den großen Netzwerken gehören z. B. Instagram, Facebook oder Snapchat. Wer sich in einem sozialen Netzwerk anmeldet, erstellt zunächst ein eigenes Profil, in dem die Mitglieder persönliche Angaben zu ihren Hobbys, Interessen und ihrer Lebenssituation machen. Von hier aus vernetzen sich die Mitglieder: Sie fügen andere als „Freunde" hinzu, schreiben sich Nachrichten, posten Fotos und tauschen sich über verschiedene Themen aus.

◎ Aufgaben

1. Ermittelt im Plenum die fünf beliebtesten Netzwerke der Klasse.
2. Sprecht in der Klasse über die Gründe, warum ihr bei diesen Netzwerken angemeldet seid.
3. Arbeitet in Gruppen und untersucht ein soziales Netzwerk, in dem ihr angemeldet seid, genauer. Erstellt nach der Vorlage unten ein Plakat.
4. Präsentiert die Plakate in der Klasse.

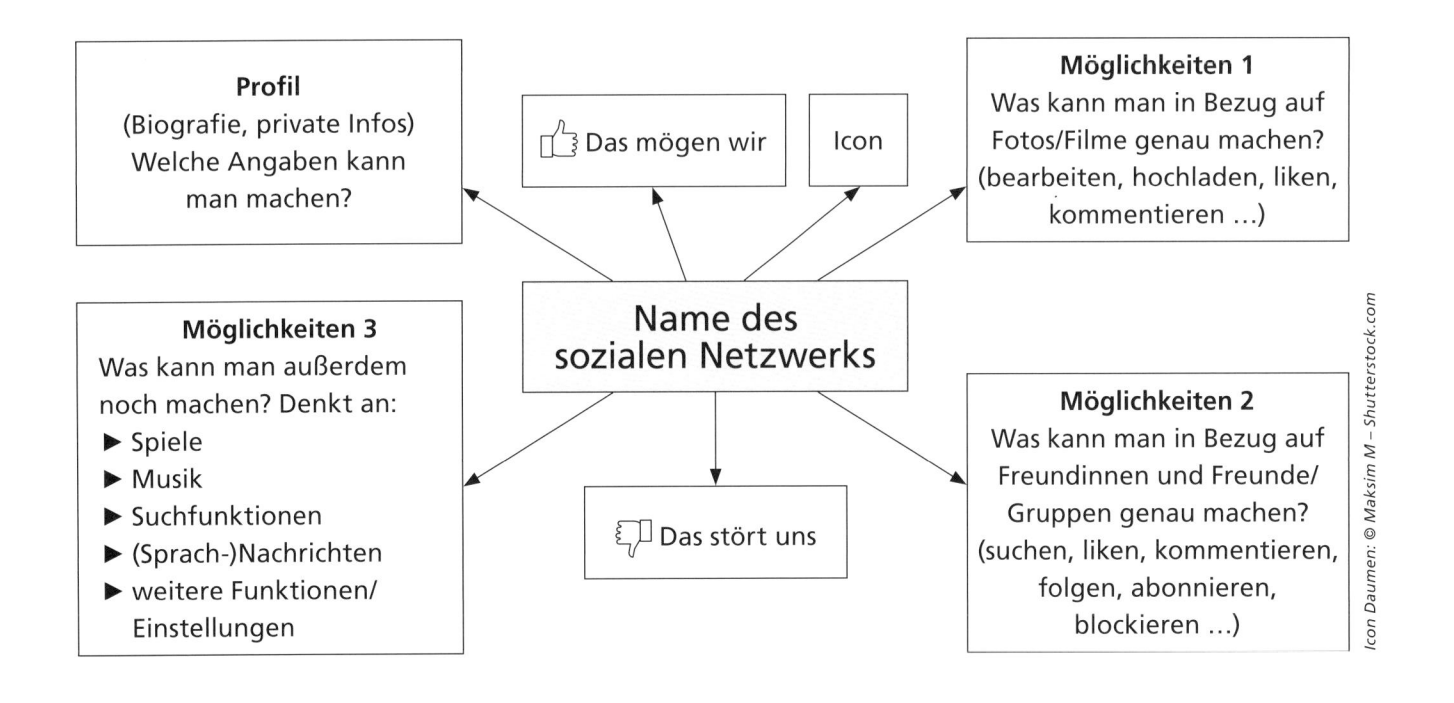

Profil
(Biografie, private Infos)
Welche Angaben kann man machen?

👍 Das mögen wir

Icon

Möglichkeiten 1
Was kann man in Bezug auf Fotos/Filme genau machen? (bearbeiten, hochladen, liken, kommentieren …)

Möglichkeiten 3
Was kann man außerdem noch machen? Denkt an:
▶ Spiele
▶ Musik
▶ Suchfunktionen
▶ (Sprach-)Nachrichten
▶ weitere Funktionen/ Einstellungen

Name des sozialen Netzwerks

👎 Das stört uns

Möglichkeiten 2
Was kann man in Bezug auf Freundinnen und Freunde/ Gruppen genau machen? (suchen, liken, kommentieren, folgen, abonnieren, blockieren …)

Icon Daumen: © Maksim M – Shutterstock.com

Umgang mit sozialen Netzwerken | Selbstdarstellung in sozialen Netzwerken | Arbeitsblatt

Internet-Detektive: Was steht über mich im Netz?

	Nichts gefunden	Diese Infos habe ich gefunden:
Allgemeines Geschlecht? Name (Vor-, Nachname, Spitzname)? Geburtsdatum? Adresse? Telefonnummer? E-Mail? Orte, an denen du gelebt hast?		
Schule/Ausbildung Name der Schule? Lieblingsfach? Lehrer?		
Persönliches Hobbys? Interessen? Aktivitäten? Musik? Filme? Sport?		
Angemeldet bei … Instagram? Facebook? YouTube?		
Profilbilder/Bilder von mir Beschreibe das Bild (nur Kopf? Ganzer Körper? Kleidung?).		
Fotos/Fotoalben Welche Fotos? Beschreibe, wer/was darauf zu sehen ist.		

◎ Aufgaben

1. **Mache den Check, was das Internet alles über dich weiß.**
   - Besuche www.google.de und gib deinen Vor- und Nachnamen mit Anführungszeichen ins Suchfeld ein. Beispiel: „Konrad Zuse"
   - Klicke alle Informationen an, die du gefunden hast, und fülle die Tabelle aus.

• •

Tipp:
Du hast keine Infos über dich im Netz gefunden? Dann denke dir ein eigenes Profil aus und fülle die Tabelle aus.
- Markiere die Informationen grün, die du in deinem Profil veröffentlichen würdest.
- Markiere mit gelb, welche Informationen du nur privat stellen würdest.

• •

2. **Betrachte deine Selbstdarstellung im Netz kritisch und sieh dir deine (Profil-)Fotos im Netz genau an. Prüfe, ob die Veröffentlichung unproblematisch ist oder es Bilder gibt, die du bereust und besser löschen solltest. Sprich im Plenum darüber.**

Blogger, Vlogger und Influencer

Darum geht's

Die Schüler*innen untersuchen die Selbstdarstellung ihrer Internetstars und setzen sich mit den Schattenseiten der Selbstinszenierung im Netz auseinander. Der Ablauf der Stunde zeigt sich wie folgt:
- Interview über einen Lieblingsstar im Netz
- Diskussion über Selbstdarstellung und Einfluss von Internetstars
- Untersuchen eines Onlineartikels zu den Schattenseiten der Internetstars
- Auseinandersetzen mit der Beliebtheit und Wirkung von Selfies

Zielkompetenzen

Die Schüler*innen
- beschreiben den Kommunikationswandel und analysieren die Selbstdarstellung am Beispiel von (Video-)Blogger*innen und
- erkennen, dass sie in einer Medienwelt leben, durch die sie beeinflusst werden.

Material

- Arbeitsblatt „Blogger, Vlogger und Influencer" (S. 42)
- Arbeitsblatt „Generation Selfie" (S. 43)

◎ Vorbereitung

Kopieren Sie die Arbeitsblätter in Klassenstärke.

◎ Stundenverlauf

Einstieg

ca. 10 Minuten

Lassen Sie sich von Ihren Schüler*innen die folgenden Begriffe erklären bzw. klären Sie diese mit ihnen gemeinsam:
- „Blogger*in": jemand, der einen „Blog", eine Art Tagebuch im Netz, schreibt
- „Vlogger*in": Blogger*in im Videoformat
- „Influencer*in": Person, die in sozialen Netzwerken hohes Ansehen genießt und dadurch großen Einfluss auf ihre Fans, Follower etc. hat und geltend macht.

Fragen Sie die Klasse nach Beispielen für bekannte Influencer*innen und sprechen Sie darüber, was diese machen und was ihre Motive sind.

Arbeitsphase 1

ca. 40 Minuten

Teilen Sie das Arbeitsblatt „Blogger, Vlogger und Influencer" aus und lassen Sie die Schüler*innen in Partnerarbeit sich gegenseitig im Hinblick auf ihren Lieblings-Internetstar interviewen (Aufgabe 1). Lernende, die keinen Internetstar kennen, können im Netz bekannte Personen recherchieren (siehe Tippkasten).
Führen Sie im Anschluss an die Interviews eine Diskussion im Plenum über die Selbstdarstellung der Internetstars (Aufgabe 2) und orientieren Sie sich dabei an den Impulsfragen in der Aufgabenstellung. Legen Sie den Fokus auf die Einflussnahme dieser Stars.

Arbeitsphase 2

ca. 30 Minuten

Lassen Sie die Schüler*innen den Einleitungstext auf dem Arbeitsblatt „Generation Selfie" lesen und die Aufgabe 1 in Partnerarbeit mündlich bearbeiten. Sprechen Sie über die Ergebnisse im Plenum. Gehen Sie anschließend zur Aufgabe 2 über und fordern Sie die Lernenden auf, den Zeitungsartikel in Einzelarbeit zu lesen und zu bearbeiten. Klären Sie ggf. offene Fragen.

Sicherung und Reflexion

ca. 10 Minuten

Führen Sie zum Schluss eine Diskussion über den Einfluss des Internets auf unser Verhalten (Aufgabe 3). Lassen Sie die Schüler*innen darüber reflektieren, welche Folgen es haben kann, wenn man dem Druck ausgesetzt ist, sich selbst im Netz zu präsentieren und dabei in der Regel schön auszusehen: Körperunzufriedenheit, Essstörungen, Fitnesswahn, Body-Shaming.

Blogger, Vlogger und Influencer

- Wer ist die Person und was macht sie?
  - YouTuber/YouTuberin?
  - Sportler/Sportlerin?
  - Musiker/Musikerin?

- Über welche Themen berichtet die Person im Netz?

- Welche Informationen hast du über die Person? (Alter, Schule, Hobby)

- Was schätzt du: Wie viele Follower und Followerinnen oder Abonnenten und Abonnentinnen hat die Person?

- Was gefällt dir an der Person? Was gefällt dir nicht?

- Welche Frage würdest du der Person gerne stellen?

- Folgst du der Person? Kommentierst du sie?

- Welche Wünsche hast du an die Person?

◎ Aufgaben

1. Suche dir eine Partnerin oder einen Partner. Interviewt euch gegenseitig, wer euer Lieblingsstar im Netz ist. Stellt diese Person anhand der Leitfragen vor.

Tipp:
Du hast keinen Lieblingsstar? Dann recherchiere im Netz zu einem bekannten YouTube-Star wie z. B.
- freekickerz (Fußball)
- Dagi Bee (Mode, Style)
- DieAussenseiter (Comedy, Challenges)
- Julien Bam (Musik, Tanz, Comedy und Lifestyle)

2. Diskutiert in der Klasse über folgende Fragen:
   - Wie stellen sich eure Stars im Netz dar? Wie wirken die Internetseiten auf euch? Was sagen die Profile, Videos etc. über die Person aus?
   - Wie beurteilt ihr die Echtheit der Informationen und Fotos/Videos?
   - Welchen Einfluss üben die Internetstars auf euch aus? Denkt an Aussehen/ Mode, Musik, Marken/Produkte etc.

Umgang mit sozialen Netzwerken | **Blogger, Vlogger und Influencer** | Arbeitsblatt

Generation Selfie

Täglich werden Millionen Selbstporträts bei sozialen Netzwerken gepostet. Für viele ist die Kamera das Wichtigste an ihren Handys und sie selbst sind ein beliebtes Motiv. Sie fotografieren sich bei jeder Gelegenheit und dokumentieren so ihren Alltag. Mit zahlreichen Effekten lassen sich die Fotos schnell bearbeiten und können direkt vom Smartphone aus gepostet und von Freundinnen und Freunden „geliked" werden.

„Instagram hat ein Monster kreiert"

[...] Am Ende wog Louisa nur noch 46 Kilogramm. Über Monate hatte sie kaum gegessen, aber dreimal am Tag Sport getrieben. Sie spürte, wie manchmal die Kräfte in ihrem Körper nachließen. Doch sie zwang sich weiter zum Training. Nur nicht aufgeben. Manchmal fiel sie dabei in Ohnmacht. Louisa Dellert ignorierte die Warnsignale. Verlor weiter Pfund um Pfund, alles für nur ein Ziel: Anerkennung. Monate vorher hatte sie einen Account bei Instagram angelegt, @louisadellert. Schnell folgten ihr mehrere Zehntausend Menschen.

Heute sagt sie, sie habe sich damals, im Jahr 2014, in einer unsicheren Phase ihres Lebens befunden. Sie fühlte sich unwohl in ihrem Körper, wollte abnehmen. Und die Erfolge bei Instagram teilen. Jeder Like motivierte sie, extremer zu werden. Follower feierten ihren perfekten Sixpack und ihre dürren Beine. „Erschreckenderweise hat das sehr vielen Menschen gefallen", sagt die heute 28-Jährige.

Louisa meint, nicht Instagram allein habe sie in die Essstörung getrieben. Aber die glatt polierte Welt dort hat sie auf jeden Fall befeuert. „Ich habe viel zu spät gemerkt, dass das vollkommen oberflächlich war, was ich da gemacht habe."

Der Weckruf kam schließlich von ihrem Arzt: Louisa habe einen Herzfehler, sagt er. Sie müsse dringend operiert werden. Der Eingriff holte sie aus der aalglatten Netzwelt in die raue Realität. Louisa beschloss, dass es so nicht weitergehen kann. Nach der Operation postete sie keine Extremsportfotos mehr. Sie merkte, wie krankhaft ihr Verhalten gewesen war.

* kreieren = erschaffen, entwerfen

Text: © Rebecca Erken

◎ Aufgaben

1. Lies den Einleitungstext. Sprich mit einer Partnerin oder einem Partner über die Fragen:
   - Warum sind Selfies so beliebt?
   - Wie stellen sich Mädchen in Selfies gerne dar, wie die Jungs? Gibt es Unterschiede?
   - Warum posten auch viele Stars und Politikerinnen und Politiker regelmäßig Selfies?
2. Lies den Artikel und markiere Schlüsselwörter. Fasse den Text mit deinen Worten zusammen.
3. Diskutiert in der Klasse darüber, welchen Einfluss das Internet auf uns hat und ob Instagram krank machen kann.
4. Sieh dir auf www.handysektor.de das Erklärvideo „Was ist eigentlich ein Selfie?" an. Erkläre, was ein „Belfie", ein „Suglie" und ein „Drelfie" ist.

Was ist eigentlich Cybermobbing?

Darum geht's

Die Schüler*innen tauschen sich über ihre Erfahrungen mit Cybermobbing aus. Sie untersuchen (Hass-)Kommentare und verschiedene Identitäten im Netz.

Wie brisant das Thema in der heutigen Zeit ist, zeigt eine aktuelle UNICEF-Umfrage (Stand: September 2019) unter mehr als 170 000 Jugendlichen in 30 Ländern. Hierbei gab ein Drittel aller Jugendlichen im Alter zwischen 13 und 24 Jahren an, bereits einmal Opfer von Cybermobbing geworden zu sein. Jede*r fünfte Befragte erklärte, er*sie habe deswegen die Schule geschwänzt. Gehen Sie daher äußerst sensibel mit dem Thema um und planen Sie ggf. ausreichend Zeit für Äußerungen oder Erfahrungsberichte Ihrer Schüler*innen ein.[1]

Der Ablauf der Stunde zeigt sich wie folgt:
- Bildimpuls „Cybermobbing" und kurzes Nachstellen der Szene im Rollenspiel
- Wahrnehmungsübung zur Verletzbarkeit
- Untersuchen von (Hass-)Kommentaren im Netz und beschreiben der Folgen
- Diskussion über digitale Identitäten

Zielkompetenzen

Die Schüler*innen
- benennen Beispiele und erkennen die Vielfältigkeit des Mobbens mittels digitaler Medien,
- geben eine Einschätzung des Wirkungsgrads unterschiedlicher Cybermobbing-Attacken,
- erläutern und reflektieren die (un-)beabsichtigte Wirkung von Kommentaren im Netz,
- erläutern und reflektieren ihre eigene Verantwortung für die Folgen ihrer Worte und
- beschreiben die Möglichkeit der Annahme verschiedener Identitäten/Rollen im Netz.

Material

- Arbeitsblatt „Cybermobbing" (S. 46)
- Arbeitsblatt „Valentin und seine Tanzvideos" (S. 47)
- 1 Seil oder farbiges Klebeband

Vorbereitung

Kopieren Sie die Arbeitsblätter in Klassenstärke.

Stundenverlauf

Einstieg

ca. 15 Minuten

Geben Sie Ihren Schüler*innen einen kurzen Überblick über den Ablauf der Doppelstunde und teilen Sie anschließend das Arbeitsblatt „Cybermobbing" aus. Lassen Sie die Schüler*innen die Aufgabe 1 bearbeiten und die Bildsituation in einem spontanen Rollenspiel nachspielen. Schüler*innen, die sich freiwillig dazu bereiterklären, suchen sich eine der auf dem Bild dargestellten Personen aus und versuchen, sich spontan in ihre Rolle hineinzuversetzen. Bei großem Interesse der Schüler*innen können Sie die Personen mehrmals besetzen und das Rollenspiel wiederholen. Klären Sie im Anschluss in einem Unterrichtsgespräch den Begriff „Cybermobbing", also das Bloßstellen („Mobben") von Menschen anhand moderner Kommunikationsmittel, wie dem Internet und Handy (Aufgabe 2). Lassen Sie die Schüler*innen Beispiele für Cybermobbing nennen:
- das Hochladen peinlicher Videos und Bilder
- das Beschimpfen über soziale Netzwerke
- der Ausschluss aus Gruppen in den sozialen Netzwerken
- Belästigungen über SMS
- das Verbreiten falscher Behauptungen im Netz
- das Erstellen von Fake-Profilen

Arbeitsphase 1

ca. 30 Minuten

Führen Sie mithilfe der „Line-up"-Methode eine Wahrnehmungsübung mit den Schüler*innen durch (Aufgabe 3 und Methodenkasten). Hierzu benötigen Sie farbiges Klebeband oder ein Seil,

---

[1] Vgl. https://unicef.at/news/einzelansicht/unicef-umfrage-ueber-ein-drittel-der-jungen-menschen-in-30-laendern-sind-cyber-mobbing-opfer/, letzter Zugriff am 06.11.2019.

das Sie auf dem Boden auslegen. Lesen Sie die erste Beispielsituation vor und lassen Sie die Schüler*innen sich am Seil aufstellen und ihre Standortwahl kurz begründen. Fahren Sie mit den anderen Beispielen nach demselben Muster fort.

Beispielsituationen:
Jemand hat
- ein paar richtig lustige Schnappschüsse von dir im Klassenchat veröffentlicht.
- in einem sozialen Netzwerk die Gruppe „1000 Schüler, die Leon scheiße finden" eingerichtet.
- sich gestern Vormittag mit dir gestritten und am Abend einen fiesen Kommentar gepostet.
- sich ein Profil bei Instagram zu dir ausgedacht. Mit einem Bildbearbeitungsprogramm wurde ein Foto von dir mehrmals lustig bearbeitet und es gibt schon 21 Personen, die dem Profil folgen.
- eure Kommentare zum Unterricht von Lehrer „Lampe" an einen anderen Klassenchat weitergeleitet

Reflexion 1

ca. 15 Minuten

Lassen Sie sich von den Schüler*innen ein kurzes Feedback zur Wahrnehmungsübung geben und darüber berichten, welche Erfahrungen sie dabei gemacht haben. Geben Sie den Schüler*innen an dieser Stelle die Möglichkeit, zu berichten, ob die selbst schon einmal Opfer von Cybermobbing waren oder jemanden kennen, dem das passiert ist. Fragen Sie die Schüler*innen nach ihren Gefühlen dabei und wie sie reagiert haben. Dies sollte unbedingt nur auf freiwilliger Basis und äußerst sensibel besprochen werden.

Arbeitsphase 2

ca. 10 Minuten

Lassen Sie die Schüler*innen die Aufgabe 1 des Arbeitsblattes „Valentin und seine Tanzvideos" schriftlich bearbeiten. Die Schüler*innen sollen dazu den Text lesen und die Kommentare, die Valentin im Netz als Reaktionen auf sein Tanzvideo bekommt, bewerten.

Sicherung und Reflexion 2

ca. 20 Minuten

Besprechen Sie im Plenum die Ergebnisse aus Aufgabe 1. Legen Sie in dem Gespräch den Fokus auf die Wirkung der Kommentare. Sprechen Sie im Anschluss daran über die Impulsfragen in der Aufgabenstellung 2. Weisen Sie die Lernenden außerdem darauf hin, dass Nicknames oder Kommentare auch zum Teil selbstgefährdende Informationen beinhalten können, z. B. wenn Geburtsdaten, Telefonnummern und Adressen weitergegeben werden.

> **Tipp:**
> Mobbing im Netz kann für Kinder und Jugendliche zu einer ernsten Belastung werden. Sollten Sie das Gefühl haben, dass auch Ihre Schüler*innen davon betroffen sind, dann weisen Sie sie auf die folgende Möglichkeit hin: Es gibt eine **Erste-Hilfe-App von Klicksafe**. Hier geben Jugendliche in kurzen Videoclips Betroffenen konkrete Verhaltenstipps, sprechen ihnen Mut zu und begleiten sie bei ihren ersten Schritten, gegen Cybermobbing vorzugehen. Die App ist kostenlos und über die gängigen App-Stores verfügbar. Suchen Sie darüber hinaus mit ihnen das Gespräch und unterstützen Sie sie bei weiteren Schritten.

Umgang mit sozialen Netzwerken | **Was ist eigentlich Cybermobbing?** | Arbeitsblatt

Cybermobbing

◎ Aufgaben

1. **Beschreibe, was auf dem Foto zu sehen ist.**
   - Was empfinden die vier Mädchen auf dem Bild?
   - Was denken oder sagen sie wohl gerade?
2. **Wie ist es zu dieser Situation gekommen? Sprecht in der Klasse über „Cybermobbing".**
   a) Wie würdet ihr den Begriff erklären?
   b) Kennt ihr Beispiele für Cybermobbing?
3. **Welche Situationen verletzen euch? Findet dies mit einer Wahrnehmungsübung (siehe Kasten) heraus.**

© Daisy Daisy – shutterstock.com

Wahrnehmungsübung: Die „Line-up"-Methode

So funktioniert's
- Legt ein Seil aus oder klebt auf den Boden mit Klebeband einen langen Strich. Das eine Ende steht für „schlimm", das andere für „nicht schlimm".
- Euer Lehrer oder eure Lehrerin liest nun eine Beispielsituation vor. Jede bzw. jeder entscheidet für sich, inwieweit die vorgelesene Situation für sie bzw. ihn „schlimm" oder „nicht schlimm" ist, und positioniert sich an der Linie. Je nachdem, wie stark euer Empfinden ist, stellt ihr euch ganz ans Ende der Linie oder nur in Richtung von dem Ende, für das ihr euch entscheidet.
- Sobald alle ihren Standort gefunden haben, begründen einige von euch ihre Standortwahl. Achtet dabei darauf, dass die Begründungen nicht kommentiert oder diskutiert werden.
- Fahrt nach demselben Muster mit den anderen Beispielsituationen fort.

Umgang mit sozialen Netzwerken | **Was ist eigentlich Cybermobbing?** | Arbeitsblatt

Valentin und seine Tanzvideos

Valentin träumt davon, ein Internetstar zu werden. Aus diesem Grund hat er seinen besten Freund gebeten, Tanzvideos von ihm zu drehen. Zwei Filme hat er auf einer Videoplattform hochgeladen. Doch am nächsten Tag kann Valentin es kaum glauben – sechs Personen haben sein Video angesehen, aber nicht alle fanden seine Tanzvideos gut. Valentin ist tief gekränkt. Mit solchen Reaktionen hat er nicht gerechnet.

Wurstwickel2034 schrieb um 19.00 Uhr:
PEINLICH! PEINLICH! PEINLICH! DU BIST EINFACH NUR SCHLECHT!!!!

ELFIE_28309_Bremen schrieb um 21.14 Uhr:
Du kannst gar nichts!!! Du bist hässlich und du stinkst! Deine Hose ist billig, du bist arm, du Opfer.

Matschiger Pfannkuchen schrieb um 21.19 Uhr:
Wow, du kannst gut tanzen. Dein Video gefällt mir!

Mathilde Ursula Kirschkissen schrieb um 22.20 Uhr:
Yeah, yeah, yeah, Baby! Rock it. Ruf mich doch einfach mal an. Dann können wir uns treffen. Meine Nummer lautet: +49 221 84659510. Ich wohne in der Kirchenstraße 12 in Köln. Komm vorbei, du heißer Feger. Meine Eltern kommen auch immer erst um 21 Uhr nach Hause!

Weggesperrt66666 schrieb um 00:34 Uhr:
Du bist duhhhhhhhmmmmm! Voll der Dreck. Wer stellt den so was ins Netz?? Ekelig!

AnnaA.....geige schrieb um 03:05 Uhr:
Haha, ich kenne dich, du dreckiger Schmutzfink. Du gehst bei mir auf die Schule. Morgen zeig ich dein peinliches Video überall rum und setze auf deinen Kopf noch einen haufen drauf. So sieht jeder, dass du der dumme Junge aus der 7c bist, der keine Freunde hat und hässlich ist!

◎ Aufgaben

1. **Lies den Text.**
   a) Markiere alle Kommentare, die deiner Meinung nach unterlassen werden sollten. Welchen Kommentar findest du besonders schlimm?
   b) Begründe deine Meinung schriftlich in dein Heft.
2. Im Internet kann man in viele Rollen schlüpfen. Da heißt Valentin mal „Valentin L.", mal „Hero2004" oder „Vale_FC04". Drei Namen für eine Person. Sprecht in der Klasse darüber:
   - Was verraten die Namen bzw. Nicknames über die Person?
   - Warum geben wir uns oftmals ganz unterschiedliche Namen?
   - Welche Gefahren sind damit verbunden? Was sollte man beachten?
3. Schreibe Valentin einen kurzen Brief, in dem du auf seine Gefühle eingehst.
4. Besuche www.klicksafe.de und sieh dir die Videoreihe #lauteralshass an. Hier berichten bekannte YouTube-Stars, wie sie persönlich mit Hasskommentaren umgehen. Schreibe die Tipps, die sie im Umgang damit geben, in dein Heft.

Cybermobbing: Die Folgen

Darum geht's

Die Schüler*innen grenzen Cybermobbing von Mobbing ab und lernen die Folgen von Cybermobbing kennen. Der Ablauf der Stunde zeigt sich wie folgt:
- Lesen eines Infotextes zur Andersartigkeit von Cybermobbing im Vergleich zu Mobbing
- Anfertigen einer Tabelle zur Gegenüberstellung Cybermobbing – Mobbing
- Kennenlernen der Folgen für die Opfer
- Kennenlernen der Folgen für die Täter*innen

Zielkompetenzen

Die Schüler*innen
- geben die Besonderheiten von Cybermobbing wieder, grenzen diese von Mobbing ab und
- erkennen, dass Cybermobbing kein einfaches Ärgern ist, sondern einen schwerwiegenden Angriff auf die Persönlichkeit des Opfers darstellt und bedrohliche Folgen haben kann.

Material

- Arbeitsblatt „Tränen sieht man nicht im Netz" (S. 49)
- Arbeitsblatt „Die Folgen" (S. 50)
- Heft oder (Blanko-)Blätter
- internetfähige Geräte (PC, Laptop, Tablet)

◎ Vorbereitung

Kopieren Sie die Arbeitsblätter in Klassenstärke. Gehen Sie in den Computerraum oder teilen Sie – falls vorhanden – die Tablets aus.

◎ Stundenverlauf

Einstieg

ca. 10 Minuten

Teilen Sie zu Beginn der Stunde das Arbeitsblatt „Tränen sieht man nicht im Netz" aus und lesen Sie gemeinsam den Infotext und -kasten. Klären Sie ggf. unbekannte Begriffe und offene Fragen.

Arbeitsphase 1

ca. 30 Minuten

Lassen Sie die Schüler*innen die Aufgabe 1 in Einzelarbeit schriftlich erarbeiten. Cybermobbing unterscheidet sich von „normalem" Mobbing in folgenden Punkten:
- keine Auszeiten für das Opfer (Mobbingattacken passieren Tag und Nacht)
- riesige Reichweite
- geringere Hemmschwelle
- meist unklare Identität der Täter*innen
- schwierig zu entfernen, kann noch nach Jahren abgerufen werden

Sicherung 1

ca. 10 Minuten

Vergleichen Sie anschließend die Ergebnisse und führen Sie mit der Klasse eine Diskussion darüber, welche Form von Mobbing verletzender ist (Aufgabe 2). Dabei sollte den Lernenden bewusst werden, dass man beim Cybermobbing den oder die Täter*innen mit dem Smartphone immer bei sich trägt und die Tragweite daher noch eine ganz andere ist.

Arbeitsphase 2

ca. 30 Minuten

Lassen Sie in Partnerarbeit die Aufgabe 1 des Arbeitsblattes „Die Folgen" bearbeiten. Nach Lektüre der beiden Texte könnte es zu Fragen kommen – klären Sie diese im Plenum. Unbekannte Begriffe/Straftaten können von den Schüler*innen im Internet recherchiert werden.

Sicherung 2 und Reflexion

ca. 10 Minuten

Im Anschluss diskutieren die Lernenden im Plenum, was mit gleichaltrigen Mobber*innen passieren sollte, und denken sich ein Gesetz gegen Cybermobbing aus (Aufgabe 2). Sichern Sie dieses Gesetz an der Tafel und lassen Sie es ggf. von Ihren Schüler*innen in ihr Heft notieren.

Umgang mit sozialen Netzwerken | **Cybermobbing: Die Folgen** | Arbeitsblatt

Tränen sieht man nicht im Netz

Viele Kinder und Jugendliche, die Cybermobbing erleben, leiden massiv unter den Angriffen. Aber sie schweigen aus Angst und Scham und vertrauen sich weder ihren Eltern, ihren Freundinnen und Freunden noch anderen Erwachsenen an. Doch was macht Mobbing im Netz so verletzend? Was ist anders als bei „normalem" Mobbing?

Keine Auszeiten
Für die Opfer ist besonders schlimm, dass Cybermobbing nicht mit dem Schulschluss endet. Es kann sie überall dahin verfolgen, wo es Handyempfang oder Internet gibt. Die Opfer sind den Mobbingattacken im Netz auch in ihren eigenen vier Wänden ausgesetzt – Tag und Nacht.

Größere Reichweite
Beim Cybermobbing lassen sich Beleidigungen, Lügen oder peinliche Fotos sehr einfach und schnell verbreiten. Zudem können sie an eine viel größere Anzahl von Personen versendet werden.

Größere Distanz senkt die Hemmschwelle
Den Tätern und Täterinnen fällt es im Netz oft leichter, zu mobben, als in der realen Welt, da sie dem Opfer dabei nicht in die Augen schauen müssen. Sie bekommen nicht direkt mit, wie sehr die Person leidet.

Unklare Identität der Täter und Täterinnen
Meist handeln die Täter und Täterinnen anonym und geben sich nicht zu erkennen. So weiß das Opfer nicht, von wem die Angriffe stammen. Das verunsichert es und macht ihm Angst. Oder die Täter und Täterinnen geben sich als jemand anderes aus. Name, Alter, Aussehen und alle anderen Angaben zur Person können in Wirklichkeit ganz anders sein als im Internet beschrieben.

Lebenslänglich
Dinge, die einmal im Netz stehen, sind oft schwierig zu entfernen. Schnell können sie von anderen kopiert und weiterverbreitet werden, so kann man sie auch noch nach Jahren im Netz abrufen.

Manchmal kommt es vor, dass Cybermobbing unbeabsichtigt ist. Was man selbst vielleicht nur als Scherz gemeint hat, kann andere eventuell verletzen. Überdenke daher gut, was du ins Netz stellst.

◎ Aufgaben

1. Fertige eine Tabelle an und fasse darin in Stichpunkten zusammen, was Mobbing von Cybermobbing unterscheidet.
2. Beim Mobben in der Schule kann man jemandem seine Sachen wegnehmen, etwas kaputt machen oder die Person schlagen – all das geht im Netz nicht. Diskutiert in der Klasse, ob Mobbing verletzender, direkter und brutaler ist als Cybermobbing.
3. Ein ehemaliges Opfer von Cybermobbing berichtet: „Die Schmähungen waren wie ein Tattoo." Erkläre schriftlich, was es damit ausdrücken möchte.

Die Folgen

Text 1: Folgen für die Opfer von Cybermobbing

Cybermobbing kann schwerwiegende Folgen haben. Viele Mobbingopfer beginnen, zu glauben, dass die Täter und Täterinnen mit ihren Anschuldigungen Recht haben; sie bekommen Selbstzweifel und geben sich die Schuld an ihrer Situation. Wer gemobbt wurde, dessen Selbstvertrauen und Selbstwertgefühl sind stark gestört. Die Folgen wirken oftmals noch lange nach und können sogar zu Problemen im Erwachsenenalter führen.

> Panikattacken, Leistungsabfall, Stress, Angstgefühle, Depressionen, Hassgefühle gegen sich selbst, Magenschmerzen, Misstrauen, Übelkeit, Erbrechen, Einsamkeitsgefühle, Gereiztheit, Verspannungen, Aggressionen, Hilflosigkeitsgefühle, Kopfschmerzen, Nervosität, Schulwechsel, Schlaflosigkeit, Rückzug, Konzentrationsschwierigkeiten, Verletzungen, Suizid (Selbsttötung), Selbstzweifel, Traurigkeit, Antriebslosigkeit, Appetitlosigkeit, Albträume, Herzklopfen, Verschlossenheit, Wutgefühle

Text 2: Cybermobbing ist strafbar

Wer andere im Internet fertigmacht, macht sich damit strafbar. Eine oder sogar mehrere der folgenden Straftaten sind oft ein Teil von Cybermobbing: **Beleidigung** (§ 185 StGB = Strafgesetzbuch), **üble Nachrede** (§ 186 StGB), **Verleumdung** (§ 187 StGB), **Nötigung** (§ 240 StGB), **Bedrohung** (§ 241 StGB), **Erpressung** (§ 253 StGB), die **Verletzung des Persönlichkeitsrechts** (§ 201a StGB) und **Gewaltdarstellung** (§ 131 [1] StGB). Verstöße gegen diese Gesetze können verfolgt und geahndet werden. Es drohen hohe Geldstrafen und sogar Freiheitsstrafen von bis zu fünf Jahren. Bei Kindern unter 14 Jahren werden bei Straftaten die Eltern zur Verantwortung gezogen. 14- bis 17-Jährige sind schon selbst für das verantwortlich, was sie tun. Bei ihnen wird das Jugendstrafrecht angewendet.

◎ Aufgaben

1. Suche dir eine Partnerin oder einen Partner und bearbeitet die folgenden Aufgaben:
   a) Lest den Text 1. Markiert in dem Kasten die körperlichen Folgen für Mobbingopfer in rot, die seelischen Folgen in blau und die sozialen Folgen in gelb.
   b) Welche Folgen empfindet ihr als besonders schlimm? Begründet dies in einem Gespräch.
   c) Lest den Text 2. Erklärt mündlich die fett markierten Straftaten, indem ihr ein Beispiel dazu findet. Falls ihr nicht weiterwisst, recherchiert dazu im Netz.
2. Diskutiert in der Klasse, was eurer Meinung nach mit Mobberinnen und Mobbern in eurem Alter passieren sollte. Denkt euch gemeinsam ein Gesetz gegen Cybermobbing aus.
3. Besuche www.klicksafe.de und sieh dir die Videoreihe „Ich war's" an. Hier berichten fünf prominente YouTuber und YouTuberinnen von ihren persönlichen Cybermobbing-Geschichten. Beschreibe schriftlich, welche Erfahrungen sie gemacht haben und inwieweit ihnen die Folgen für die Opfer bewusst waren.

Umgang mit sozialen Netzwerken | Hilfe im Netz | Lehrerhinweise

Hilfe im Netz

Darum geht's

Die Schüler*innen lernen, wie und wo sie sich bei Cybermobbing Hilfe holen können. Der Ablauf der Stunde zeigt sich wie folgt:
- Kennenlernen und Beschreiben von Hilfsangeboten im Netz
- Austausch über die Annahme von Hilfsangeboten
- Erstellen und Gestalten eines Infoplakats zum Thema „Was tun bei Cybermobbing?"

Zielkompetenzen

Die Schüler*innen
- kennen Ansprechpartner*innen bei Cybermobbing und bewerten diese,
- kennen Handlungsmöglichkeiten, um auf Cybermobbing zu reagieren, und
- formulieren Tipps/Schritte zur Abwehr von Cybermobbing-Attacken.

Material

- Arbeitsblatt „Hilfe im Netz" (S. 52)
- Arbeitsblatt „Was tun bei Cybermobbing?" (S. 53)
- internetfähige Geräte (PC, Laptop, Tablet)
- Smartphones der Schüler*innen
- (Blanko-)Plakate in DIN A2
- ggf. dicke Stifte für die Plakate

◎ Vorbereitung

Kopieren Sie die Arbeitsblätter in Klassenstärke und legen Sie die Materialien bereit. Bitten Sie die Schüler*innen, ihr Handy aufgeladen zur Stunde mitzubringen. Gehen Sie in den Computerraum oder teilen Sie – falls vorhanden – die Tablets aus.

◎ Stundenverlauf

Einstieg

ca. 5 Minuten

Überprüfen Sie zu Beginn der Stunde das Vorwissen Ihrer Schüler*innen in Bezug auf Hilfeangebote im Internet zum Thema „Cybermobbing" mit der Frage: *„Stellt euch vor, ein Freund oder eine Freundin ist von Cybermobbing betroffen. Wie würdet ihr vorgehen, um ihm bzw. ihr zu helfen?"* Greifen Sie die Antworten der Lernenden auf und leiten Sie so zum Stundenthema über.

Arbeitsphase 1

ca. 40 Minuten

Teilen Sie das Arbeitsblatt „Hilfe im Netz" aus und lassen Sie die Schüler*innen in Partnerarbeit verschiedene Webseiten mit Hilfeangeboten analysieren. Achten Sie darauf, dass die drei Websites möglichst gleichmäßig auf die Gruppen verteilt werden. Bilden Sie nach ca. 30 Minuten für die Bearbeitung der Aufgabe zwei 3er-Gruppen. In jeder Gruppe sollte sich jeweils ein*e Vertreter*in einer Webseite befinden, damit sich die Schüler*innen darüber austauschen können.

Sicherung

ca. 5 Minuten

Sprechen Sie im Plenum über folgende Fragen:
- *Könnt ihr euch vorstellen, eines der Hilfsangebote in Anspruch zu nehmen?*
- *In welcher Situation würdet ihr euch an die Beratungsstelle im Netz wenden?*
- *Wo würdet ihr euch Rat holen?*

Arbeitsphase 2

ca. 30 Minuten

Teilen Sie das Arbeitsblatt „Was tun bei Cybermobbing?" aus und lassen Sie den Text lesen. Klären Sie ggf. offene Fragen. Bilden Sie anschließend 3er bis 4er-Gruppen und verteilen Sie pro Gruppe ein Plakat. Lassen Sie die Lernenden die Aufgaben 2 und 3 bearbeiten. Weisen Sie sie darauf hin, dass die Inhalte beider Arbeitsblätter für das Plakat verwendet werden sollen.

Präsentation

ca. 10 Minuten

Lassen Sie die Plakate im Plenum vorstellen (Aufgabe 2) und hängen Sie die schönsten in der Klasse oder der Schule auf.

| 30 × 90 Minuten | Digitale Medienkompetenz

Hilfe im Netz

Im Internet findet man zahlreiche Seiten, die Hilfe bei Cybermobbing anbieten. Einige Beratungsplattformen richten sich speziell an Kinder und Jugendliche. Hier gibt es neben allgemeinen Infos und Tipps auch Antworten auf ganz konkrete Fragen. Diese Beratungen kosten nichts und sind anonym. Hilfe im Netz findet ihr z. B. unter: www.juuuport.de, www.nummergegenkummer.de oder www.youth-life-line.de

		Internetseite: ....
1	**An wen richtet sich die Webseite?** (Kinder/Jugendliche, Eltern)	
2	**Bei welchen Problemen bekommt man Hilfe?**	
3	**Wer berät und hilft?** (Jugendliche, Erwachsene, Psychologinnen und Psychologen?)	
4	**Welche Hilfs- und Beratungsformen gibt es?** (E-Mail, Chat, Telefonberatung, Infos, rechtliche Hinweise)	
5	**Wann kannst du die Beratungsstelle erreichen?**	
6	**Weitere Notizen**	
7	**Bewertung** (Was ist gut/nicht gut gelungen?)	

◎ Aufgaben

1. Suche dir eine Partnerin oder einen Partner. Seht euch eine der oben stehenden Webseiten an und füllt die Tabelle aus.
2. Arbeitet in 3er-Gruppen und stellt euch gegenseitig die Internetseite vor, mit der ihr euch beschäftigt habt.
3. Versetze dich in folgende Situation: Ein guter Freund oder eine gute Freundin von dir wird seit einiger Zeit über ein soziales Netzwerk gemobbt. Schreibe eine Nachricht an die Online-Beratung, in der du
   - ◎ erzählst, warum dein Freund bzw. deine Freundin sich unglücklich fühlt.
   - ◎ berichtest, was passiert ist.
   - ◎ die Berater und Beraterinnen um Hilfe bittest.

Umgang mit sozialen Netzwerken | **Hilfe im Netz** | Arbeitsblatt

Was tun bei Cybermobbing?

1. Mobber sperren
Die meisten verantwortlichen Diensteanbieter geben dir die Möglichkeit, jemanden, der sich schlecht verhält, zu sperren oder zu melden. Nutze diese Features, damit dich der Mobber nicht weiter belästigen kann. Wenn das nichts bringt, lege dir ein neues Profil/eine neue Handynummer oder eine neue E-Mail-Adresse zu.

2. Antworte nicht
Reagiere nicht auf beleidigende [...] Nachrichten, auch wenn es dir schwerfällt. Ansonsten droht die Gefahr, dass sich die Beleidigungen bzw. Mobbing-Attacken immer weiter hochschaukeln. Das bedeutet aber nicht, dass man dem erlebten (Cyber-)Mobbing nur tatenlos zuschauen sollte.

3. Sichere Beweise
Lerne, wie du Kopien von unangenehmen Nachrichten, Bildern oder Online-Gesprächen machst. Sie werden dir helfen, anderen zu zeigen, was passiert ist, und können helfen, deinen Peiniger zu ermitteln [...].

4. Rede darüber
Wenn du oder jemand, den du kennst, im Internet oder über Handy eingeschüchtert oder schikaniert wird, musst du damit nicht allein umgehen.

5. Um Hilfe zu bekommen, wende dich an:
- einen Erwachsenen, dem du vertraust, der dir dabei helfen kann, über den Fall am richtigen Ort zu berichten.
- die Nummer gegen Kummer und schildere dein Problem: 0800/1110333.
- den Service-Anbieter, über den du gemobbt wirst (Internet, Handy).
- deine Schule: Dein (Vertrauens-)Lehrer kann dich unterstützen und die Person, die dich mobbt, zur Rede stellen.
- die Polizei, wenn das (Cyber-)Mobbing ernst ist und ein potenziell krimineller Fall vorliegt.

Schaue nicht einfach zu, wenn du merkst, dass jemand gemobbt wird, sondern unterstütze das Opfer und berichte über das (Cyber-)Mobbing. [...][1]

◎ Aufgaben

1. Lies den Infotext.
2. Arbeitet in Gruppen: Erklärt, wie ihr Kopien von Nachrichten etc. machen könnt. Findet heraus, wie ihr solche Kopien auf eurem Handy, am PC oder mit dem Tablet erstellen könnt.
3. Erstellt für eure Schule ein Plakat zum Thema „Was tun bei Cybermobbing?". Nutzt dazu die Informationen der beiden Arbeitsblätter.
4. Präsentiert eure Plakate der Klasse und hängt die schönsten in der Klasse auf.
5. Beschreibe, wie du bei Instagram, WhatsApp oder anderen Diensten, die du nutzt, eine Person, die dich belästigt, melden oder blockieren kannst.

---

[1] alle Tipps von: Rack, Stefanie: „klicksafe-Tipps für Jugendliche: Was tun bei (Cyber)Mobbing?", Link: https://www.klicksafe.de/presse/2017/du-bist-so-haesslich-cybermobbing-stoppen/, letzter Zugriff am 20.06.2019.

Datenschutz: So schützt du dich

Darum geht's

Die Schüler*innen setzen sich mit der Privatsphäre und dem Datenschutz im Netz auseinander. Der Ablauf der Stunde zeigt sich wie folgt:
- Analysieren von Zeitungsartikeln zu Gefahren durch mangelnden Datenschutz
- Sammeln von Ideen zum Schutz der Privatsphäre
- Überprüfen der eigenen Daten anhand einer Checkliste
- Ausdenken eines sicheren Passworts
- Verfassen einer Nachricht mit Tipps zum Datenschutz

Zielkompetenzen

Die Schüler*innen
- kennen die Risiken und Gefahren bei der Veröffentlichung von persönlichen Daten im Netz,
- gehen verantwortungsbewusst mit Daten im Netz um und
- wenden Empfehlungen und Regeln zum Schutz der eigenen Daten an.

Material

- Arbeitsblatt „Das ist Privatsache" (S. 55)
- Arbeitsblatt „Checkliste: So schützt du dich" (S. 56)

◎ Vorbereitung

Kopieren Sie die Arbeitsblätter in Klassenstärke.

◎ Stundenverlauf

Einstieg

ca. 5 Minuten

Fragen Sie die Schüler*innen zu Beginn der Stunde, ob sie schon einmal von Fällen gehört oder diese selbst erlebt haben, bei denen die Privatsphäre im Internet verletzt wurde. Greifen Sie die Fälle auf und leiten Sie zu dem Arbeitsblatt „Das ist Privatsache" über.

Arbeitsphase 1

ca. 25 Minuten

Teilen Sie das Arbeitsblatt aus und lassen Sie die Schüler*innen die Zeitungsmeldungen lesen und die Aufgabe 1 in Partnerarbeit schriftlich bearbeiten.

Sicherung 1

ca. 20 Minuten

Besprechen Sie die Ergebnisse anschließend im Plenum. Fragen Sie die Schüler*innen, ob sie von ähnlichen Vorfällen gehört haben, und lassen Sie sie Ideen zum Schutz der Privatsphäre im Netz sammeln (Aufgabe 2). Notieren Sie die Ergebnisse an der Tafel, z. B.:
- Sicherheitseinstellungen für den privaten Bereich festlegen
- wenig private Daten im Netz preisgeben
- keine Nacktfotos posten oder verschicken
- nicht jedem vertrauen

Arbeitsphase 2

ca. 15 Minuten

Die Schüler*innen arbeiten ab jetzt wieder in Einzelarbeit. Verteilen Sie das Arbeitsblatt „Checkliste: So schützt du dich" und lassen Sie die Aufgaben schriftlich bearbeiten. Weisen Sie Ihre Schüler*innen darauf hin, beim Ausfüllen der Checkliste (Aufgabe 1) ehrlich zu sein.

Sicherung 2

ca. 15 Minuten

Lassen Sie die Schüler*innen zunächst ihre eigene Ideensammlung (Notizen an der Tafel) mit der Checkliste abgleichen. Machen Sie anschließend eine kurze Abfrage, bei welchen Angaben die Lernenden noch besser aufpassen müssen (Aufgabe 1).

Präsentation und Abschluss

ca. 10 Minuten

Lassen Sie sich beispielhaft ausgedachte Passwörter erklären (Aufgabe 2) und einige Nachrichten an die Schüler*innen aus den Zeitungsartikeln mit Tipps zum Datenschutz vorlesen (Aufgabe 3).

Umgang mit sozialen Netzwerken | **Datenschutz: So schützt du dich** | Arbeitsblatt

Das ist Privatsache

13-Jährige lädt aus Versehen Tausende zur Party ein

Leipzig. Einmal verklickt und schon war es passiert: Eine Schülerin kündigte ihre Geburtstagsparty öffentlich bei Instagram an. Mehr als 1500 Jugendliche kamen und wollten mit ihr feiern. Die Polizei musste gerufen werden, um …

Student greift Internet-Bekanntschaft an

Köln. Am Nachmittag des 16. Juni entkam eine Kölner Schülerin nur knapp einer Vergewaltigung. Das 12-jährige Mädchen hatte in ihrem Internetprofil ihre Privatsphäre nicht gesichert und ihre Adresse vollständig angegeben. Plötzlich stand ihre vor Kurzem gemachte Chat-Bekanntschaft vor der Tür …

Böse Überraschung

Berlin. Der Schulleiter der Willy-Brandt-Gesamtschule staunte nicht schlecht, als er am Morgen seine E-Mails abrief und Bilder einer Schülerin in Unterwäsche zu sehen bekam. Wie sich herausstellte, hatte die Siebtklässlerin mit einem Unbekannten gechattet. Er stellte sich ihr als 14-Jähriger vor und plauderte mit ihr zunächst über die Schule. Nach einiger Zeit bot er der Schülerin an, ihr Spielwährung zu schenken, wenn sie ihm im Gegenzug Bilder von ihrer Unterwäsche schicken würde. Darauf ließ die Schülerin sich anfangs ein. Doch als der Unbekannte Nacktfotos von ihr verlangte, wollte sie den Kontakt abbrechen. Daraufhin drohte der Unbekannte ihr, die Bilder …

Überfall auf Fortnite-Spieler

München. Wie viele seiner Klassenkameraden nutzte auch der 13-jährige Maik gerne die Chat-Funktion des Onlinespiels *Fortnite*, um sich für die nächsten Battles zu verabreden. Des Öfteren bekam er auch Chatnachrichten von Usern, die ihm bis dahin völlig unbekannt waren. Mit einem von ihnen hatte er online schon oft Kontakt und so überraschte es ihn nicht, als dieser den Vorschlag machte, sich mal zum gemeinsamen Zocken zu Hause zu treffen. Als es zu dem Treffen kam, …

◎ Aufgaben

1. Lies die Zeitungsartikel. Suche dir eine Partnerin oder einen Partner und sprecht gemeinsam über die folgenden Fragen. Haltet die Ergebnisse im Heft fest.
   - Welchen Fehler haben die Schüler und Schülerinnen jeweils begangen?
   - Was versteht ihr unter „Privatsphäre"?
   - Warum ist es so wichtig, gut zu überlegen, welche Daten man ins Netz stellt?
2. Sammelt in der Klasse Ideen, wie man sich im Internet schützt.
   - Worauf muss man achten?
   - Welche Vorsichtsmaßnahmen sollte man ergreifen?
3. Wie sind die Vorfälle wohl weitergegangen? Vervollständige eine der Zeitungsmeldungen in deinem Heft.

Checkliste: So schützt du dich

Wenn du dein Profil nicht sicherst, riskierst du, dass Millionen Menschen mitlesen – auch Eltern, Lehrer und Lehrerinnen oder Leute, die du nicht kennst. Stelle von daher unbedingt ein, wer und wie viel eine Person von deinen Inhalten (private Daten, Bilder, Videos) sehen darf.

☺ = Mache ich bereits / 😐 = Mache ich teilweise / ☹ = Muss ich noch besser aufpassen	☺	😐	☹
Ich vertraue nicht jedem, mit dem ich online Kontakt habe.			
Ich prüfe jede Freundschaftsanfrage.			
Ich gebe möglichst wenig private Daten von mir im Netz preis.			
Ich gebe in Profilen niemals die vollständige Adresse und Handynummer an.			
Ich achte darauf, keine Fotos ins Netz zu stellen, auf denen ich sexy, nackt oder in Bikini/Badehose oder Unterwäsche zu sehen bin.			
Ich achte darauf, keine privaten Fotos ins Netz zu stellen (z. B. Kuss-Fotos).			
Ich achte darauf, keine peinlichen Fotos zu posten.			
Ich achte auf Sicherheitseinstellungen für den privaten Bereich in meinen Profilen.			
Ich gebe meinen Privatbereich nicht für jedermann frei. Nur mein engster Freundeskreis (Personen, die ich sehr gut kenne) darf diesen Bereich sehen.			
Ich benutze ausschließlich sichere Passwörter.			
Ich gebe meine Passwörter an niemanden weiter.			

• •

Tipp: Starke Passwörter
So geht's: Denke dir einen Satz aus und nutze die ersten Buchstaben als Passwort. Beispiel: „Morgens esse ich gerne ein Brot mit Marmelade". Hieraus ergibt sich das Passwort „MeigeBmM" (achte dabei auf die Groß- und Kleinschreibung). Noch sicherer wird das Passwort, wenn du zusätzlich Zahlen oder Sonderzeichen (@&%!?) verwendest.

• •

◎ Aufgaben

1. Lies den Infotext und überprüfe anhand der Checkliste, wie gut du dich im Netz schützt.
2. Denke dir nach der Anleitung ein sicheres Passwort aus.
3. Schreibe einer Person aus den Zeitungsartikeln auf der vorherigen Seite eine Nachricht, wie sie sich zukünftig besser schützen kann. Berücksichtige dabei die Tipps aus der Checkliste.
4. Sieh dir unter www.youtube.com/watch?v=2cGYufABrNo das Video „Dein digitales Ich" an. Schreibe einen Kommentar in dein Heft, in dem du auf die Fragen am Ende des Videos eingehst.

Umgang mit sozialen Netzwerken | Recht und Gesetz | Lehrerhinweise

Recht und Gesetz

Darum geht's

Die Schüler*innen setzen sich mit dem Persönlichkeits- und dem Urheberrecht auseinander. Der Ablauf der Stunde zeigt sich wie folgt:
- Informationstext zum Persönlichkeitsrecht
- Entwicklung von Fallbeispielen und Überprüfung des Gelernten nach der „Drei-Ecken-Methode"
- Informationstext zum Urheberrecht
- Austausch über Erfahrungen
- Recherche zu den strafrechtlichen Konsequenzen bei Verletzung des Urheberrechts

Zielkompetenzen

Die Schüler*innen
- lernen die rechtlichen Grundlagen des Persönlichkeits- und des Urheberrechts kennen,
- beachten die Rechte und überprüfen dies anhand eigener Fallbeispiele und
- wissen um die rechtlichen Konsequenzen bei Missachtung der Rechte.

Material

- Arbeitsblatt „Das Persönlichkeitsrecht" (S. 59)
- Arbeitsblatt „Das Urheberrecht" (S. 60)
- internetfähige Geräte (PC, Laptop, Tablet)
- 3 Blanko-Blätter (A3)

◎ Vorbereitung

Kopieren Sie die Arbeitsblätter in Klassenstärke und gehen Sie in den Computerraum oder teilen Sie – falls vorhanden – die Tablets aus. Schreiben Sie für die „Drei-Ecken-Methode" die drei Aussagen „Ja, das ist erlaubt."/„Nein, das ist nicht erlaubt."/„Das weiß ich nicht." jeweils auf ein Blatt.

◎ Stundenverlauf

Einstieg

ca. 10 Minuten

Teilen Sie zu Beginn der Stunde das Arbeitsblatt „Das Persönlichkeitsrecht" aus. Lesen Sie gemeinsam mit den Schüler*innen den Informationstext und besprechen Sie kurz den Inhalt (Aufgabe 1). Klären Sie ggf. noch offene Fragen.

Arbeitsphase 1

ca. 15 Minuten

Bilden Sie anschließend Gruppen à vier bis fünf Personen und lassen Sie die Schüler*innen die Aufgabe 2 bearbeiten. Die Lernenden müssen sich dabei zwei Fallbeispiele für eine Verletzung des Persönlichkeitsrechts ausdenken und zwei Beispiele, in denen das Recht eingehalten wird. Diese notieren sie dann in ihr Heft.
Lassen Sie die Fallbeispiele von den Schüler*innen anhand der „Drei-Ecken-Methode" überprüfen (Aufgabe 3). Ordnen Sie dazu die drei Aussagen jeweils einer Ecke im Raum zu. Achten Sie darauf, dass die Gruppe, die die Fallbeispiele vorträgt, selbst nicht mitspielen darf. Üben Sie das Vorgehen anhand eines Fallbeispiels und fahren sie anschließend mit den weiteren Beispielen fort.

Sicherung 1

ca. 15 Minuten

Lassen Sie die Lösung bei Unstimmigkeiten von der Gruppe erklären. Achten Sie darauf, dass beim Persönlichkeitsrecht die Grenzen von dem, was erlaubt, und dem, was verboten ist, zwar klar sind, in der Realität aber fließend gehandhabt werden. Vieles, was eigentlich verboten ist, wird dennoch gemacht, weil es rechtlich kaum verfolgbar ist. Daher sollten Sie Ihren Schüler*innen empfehlen, auf das Veröffentlichen von Bildern oder Musik (z. B. durch das Hochladen bei Instagram oder YouTube) von fremden Personen oder Privaträumen ohne Einverständniserklärung am besten komplett zu verzichten.

Umgang mit sozialen Netzwerken | Recht und Gesetz | Lehrerhinweise

Arbeitsphase 2

ca. 20 Minuten

Teilen Sie das Arbeitsblatt „Das Urheberrecht" an die Schüler*innen aus und lesen Sie den Infotext gemeinsam. Besprechen Sie kurz den Inhalt und klären Sie ggf. offene Fragen. Lassen Sie in Partnerarbeit die Aufgabe 2 und 3 bearbeiten. Achten Sie darauf, dass die Schüler*innen rechtzeitig mit ihrer Recherche zu Aufgabe 3 beginnen.

Sicherung 2

ca. 10 Minuten

Sprechen Sie im Anschluss über die Ergebnisse der Aufgaben, z. B. über die Rechtslage zum Urheberrecht (Aufgabe 3):

Der*die Urheber*in kann verlangen, dass der*die Geschädigte sein*ihr rechtswidriges Handeln zukünftig unterlässt. Darüber hinaus kommen auch Ansprüche auf Schadensersatz in Betracht. Das Urheberrechtsgesetz enthält neben zivilrechtlichen Anspruchsgrundlagen auch Straf- und Bußgeldvorschriften. Die vorsätzliche unerlaubte Verwertung urheberrechtlich geschützter Werke wird bspw. mit Geldstrafe oder mit Freiheitsstrafe bis zu drei Jahren bestraft. Im Privatbereich ist allerdings kaum mit einer Freiheitsstrafe zu rechnen.

© hawi 101 – stock.adobe.com

Umgang mit sozialen Netzwerken | **Recht und Gesetz** | Arbeitsblatt

Das Persönlichkeitsrecht

Zu den Persönlichkeitsrechten gehört das Recht am eigenen Bild. Darin ist festgelegt, dass die Person, die abgebildet ist, entscheidet, ob das Bild veröffentlicht werden darf. Was man filmen bzw. fotografieren und im Netz veröffentlichen darf, regelt das Strafgesetzbuch (StGB).

Es **erlaubt** Filme und Fotos von
- Freundinnen und Freunden, Bekannten und anderen Personen, wenn sie sich damit einverstanden erklärt haben.
- fremden Personen, wenn sie nicht im Mittelpunkt des Fotos stehen oder nicht erkennbar sind, z. B. kannst du das Brandenburger Tor schwer ohne Menschen fotografieren. Wenn das Tor aber im Mittelpunkt steht, dann dürfen die Personen zu sehen sein.

Aber Achtung: Du darfst diese Fotos zwar machen, sie jedoch nicht – ohne Erlaubnis – ins Netz stellen!

Das StGB **verbietet** Filme und Fotos von
- peinlichen Situationen, wie z. B. Nacktaufnahmen. Auch Fotomontagen, in denen ein harmloses Bild plötzlich peinlich oder schlimmer wird, sind nicht erlaubt.
- Personen, wenn diese von ihrem Bekanntenkreis eindeutig erkannt werden können. Dazu muss nicht unbedingt das ganze Gesicht zu sehen sein, es reicht schon, dass die Person auf einem Ausschnitt, z. B. durch ein auffälliges Tattoo, zu identifizieren ist.

Wer andere ohne Erlaubnis in deren privaten Räumen fotografiert und diese Bilder veröffentlicht oder wer persönliche Fotos anderer unberechtigt weitergibt bzw. die Weitergabe ermöglicht, kann mit Geldstrafen und sogar Freiheitsstrafe bestraft werden.

Die „Drei-Ecken-Methode" – So funktioniert's
- Jeder Ecke eures Raumes wird nun eine Aussage zugeordnet, und zwar „Ja, das ist erlaubt", „Nein, das ist nicht erlaubt" oder „Das weiß ich nicht".
- Alle stehen in der Mitte des Raumes. Jetzt liest eine Gruppe ein Fallbeispiel vor. Die übrigen Mitschüler und Mitschülerinnen stellen sich in die Ecke, die ihrer Meinung entspricht.
- Die Gruppe beantwortet die Richtigkeit der Aufgabe und fährt mit dem nachfolgendem Fallbeispiel fort. Anschließend kommt die nächste Gruppe an die Reihe.

◎ Aufgaben

1. Lest gemeinsam den Informationstext und besprecht den Inhalt.
2. Arbeitet in Gruppen und denkt euch gemeinsam vier Fallbeispiele aus: zwei, in denen ihr das Recht verletzt seht, und zwei, die erlaubt sind. Notiert die Fallbeispiele in eure Hefte.
   Fallbeispiel: Jan dreht ein Video von seiner neuen Schule, auf dem auch Jugendliche zu sehen sind, die skaten, und schickt es einem Freund.
   Lösung: Das ist erlaubt, wenn die Jugendlichen auf dem Video nicht eindeutig zu erkennen sind.
3. Findet heraus, wie gut ihr euch im Persönlichkeitsrecht auskennt, und lasst eure Fallbeispiele nach der „Drei-Ecken-Methode" von euren Mitschülerinnen und Mitschülern beurteilen.

Das Urheberrecht

Nicht alles, was man im Internet machen kann, ist auch erlaubt! Jeden Film, jedes Musikstück oder Foto hat jemand aufgenommen und es gehört dem- oder derjenigen. Er bzw. sie ist der Urheber bzw. die Urheberin des Werkes. Nur diese Person hat das Recht, zu bestimmen, wer die Werke weiterverwenden darf. Man darf also nur das, was man selbst gemacht hat, ins Netz stellen. Oder man fragt um Erlaubnis, die Werke von anderen benutzen zu können.
Wer das nicht tut, kann bestraft werden. Bei Kindern unter 14 Jahren haften die Eltern und müssen die Gerichtskosten und Geldstrafen zahlen.

© ktsdesign – stock.adobe.com

◎ Bilder, Filme, Musik und Software aus dem Netz

Vieles, was im Netz steht, ist geschützt und darf nicht einfach genutzt oder kopiert werden. Hier erfährst du, welche Sachen du für den eigenen Gebrauch kopieren darfst und was verboten ist.

PRIVATKOPIE – Das darfst du:
- lizenzfreie Musik aus dem Netz herunterladen und für deine persönlichen Zwecke nutzen
- Musik OHNE Kopierschutz für dich selbst oder für deine Familie brennen, wenn du eine Original-CD besitzt
- Filme aus dem Fernsehen aufnehmen
- kostenlose Software herunterladen mit der Bezeichnung „Shareware" (Achtung, die wird nach der Testphase kostenpflichtig!), „Freeware", und „Open Source"
- eine Sicherheitskopie von einer gekauften Software machen

RAUBKOPIE – Das darfst du nicht:
- geschützte Lieder aus dem Netz herunterladen und sie nutzen, z. B. um damit dein YouTube-Video zu hinterlegen
- Bilder aus dem Internet kopieren und ohne Erlaubnis benutzen, z. B. als Profilbild bei Snapchat
- dein Konto bei einem Streaming-Anbieter mit unbegrenzt vielen Personen teilen
- Kopien von Texten, Filmen, Musik etc. ohne das Einverständnis der Urheberin bzw. des Urhebers machen
- den Kopierschutz entfernen, um Musik, Filme oder Software zu brennen

◎ Aufgaben

1. Lies die Informationen zum Urheberrecht und sprich mit deiner Klasse über den Inhalt.
2. Diskutiert in Partnerarbeit über folgende Fragen und macht euch Notizen dazu:
    - Welche Erfahrungen habt ihr mit dem unerlaubten Kopieren von Bildern oder Musik aus dem Netz gemacht?
    - Habt ihr davon gehört, dass jemand schon einmal Probleme bekommen hat, weil er die Urheberrechtsregeln nicht beachtet hat? Wenn ja, warum?
    - Was versteht man unter den Begriffen „Privatkopie" und „Raubkopie"?
    - Warum ist Raubkopieren unfair und sogar strafbar?
3. Recherchiert gemeinsam im Netz, was passiert, wenn man sich nicht ans Urheberrecht hält.
4. Sieh dir auf www.handysektor.de das Erklärvideo „5 Möglichkeiten zur Bilderrückwärtssuche" an. Probiere einen oder mehrere der Tipps aus.

Klassen-/Schulaktion zum Thema „Neue Medien"

Darum geht's

Die Schüler*innen planen einen oder mehrere Aktionstage zum Thema „Neue Medien – SO geht's!". Der Ablauf der Stunde zeigt sich wie folgt:
- Bilden von (Klein-)Gruppen nach Interessen
- selbstständiges Planen oder Durchführen einer Aufgabe aus dem Ideenpool
- gemeinsame Planung der Präsentation der Gruppenergebnisse

Zielkompetenzen

Die Schüler*innen
- planen unter Berücksichtigung der Rahmenbedingungen (Räume, Personen, Ausstattung) die Art und das Ziel des Aktionstages,
- verteilen Rollen und bilden Teams und
- produzieren verschiedene Medien (Flyer, Plakate, Filme) und halten die Ergebnisse fest.

Material

- Arbeitsblatt „Einen Aktionstag planen" (S. 62)
- Arbeitsblatt „Handynutzung – Fragebogen" (S. 15–17)
- Arbeitsblatt „Ein Erklärvideo drehen" (S. 125)
- Arbeitsblatt „Handyfasten" (S. 63)
- Smartphones der Schüler*innen
- ggf. internetfähige Geräte (PC, Laptop, Tablet)
- Scheren und Kleber für alle Schüler*innen
- (Blanko-)Plakate
- ggf. dicke Stifte für die Plakate

Vorbereitung

Kopieren Sie das Arbeitsblatt „Einen Aktionstag planen" in Klassenstärke und die weiteren Arbeitsblätter zu Ansichtszwecken 5- bis 6-mal. Stellen Sie alle Materialien zur Verfügung, sodass die Schüler*innen darauf zurückgreifen können. Bitten Sie Ihre Klasse, die Smartphones aufgeladen mitzubringen. Gehen Sie ggf. in den Computerraum oder teilen Sie – falls vorhanden – die Tablets aus.

Stundenverlauf

Einstieg

ca. 10 Minuten

Teilen Sie zu Beginn der Stunde das Arbeitsblatt „Einen Aktionstag planen" aus und lesen Sie es gemeinsam. Klären Sie ggf. noch offene Fragen.

Arbeitsphase 1

ca. 60 Minuten

Definieren und planen Sie im Plenum das Ziel und die Zielgruppe für den Aktionstag, z. B.:
- Zielgruppe: Mitschüler*innen aus Parallelklassen
  Ziel: Aufklärung über das Thema „Neue Medien" anhand verschiedener Arbeitsergebnisse (Plakat, Fotostory, Video)
- Zielgruppe: Eltern/Lehrer*innen
  Ziel: Präsentation von Arbeitsergebnissen zum Thema „Neue Medien" (in Form einer Ausstellung, eines Elternabends etc.)

Lassen Sie die Schüler*innen nach ihren Interessen Gruppen bilden und selbstständig darin arbeiten. Achten Sie auf das Zeitmanagement und geben Sie ab und zu einen Überblick über die verbleibende Zeit. Sagen Sie Ihren Schüler*innen zu Beginn, dass es nicht schlimm ist, wenn die Ideen und die Planung noch nicht fertig sind. Ggf. müssen Ihre Schüler*innen zu einigen Themen im Netz recherchieren.

Präsentation und Abschluss

ca. 20 Minuten

Lassen Sie Ihre Schüler*innen die Gruppenergebnisse der Klasse vorstellen, auch wenn diese noch nicht fertiggestellt sind. Hierbei sollte im Fokus stehen, was die Lernenden erarbeitet haben und wie weit sie mit ihrer Planung sind.
Planen Sie anhand der Ergebnisse der Stunde den oder die Aktionstage:
- *Welche Ergebnisse liegen bereits fertig vor?*
- *Was muss noch beendet werden?/Wie viel Zeit ist dafür erforderlich?*
- *Was lässt sich wann und wie umsetzen?*

Einen Aktionstag planen

◎ Aufgabe

Plant in Gruppenarbeit einen oder sogar mehrere Aktionstage zum Thema „Neue Medien – SO geht's!". Hier findet ihr einige Anregungen und Ideen dazu, was ihr an diesem Aktionstag präsentieren könnt. Sucht euch eine Idee aus und bearbeitet sie zusammen mit den Klassenkameradinnen und -kameraden, die dieselbe Idee realisieren wollen.

(1) Erfindet einen **Song oder Rap** zum Thema.
(2) Plant eine **Handyumfrage** in anderen Klassen. Überlegt, wie ihr die Umfrage durchführt, wie ihr die Ergebnisse auswertet und wie ihr sie präsentiert.
  ▶ Nutzt dazu den Fragebogen „Handynutzung".
(3) Zeichnet ein **Handy-Podcast** zum Thema „Medien" auf, z.B. in Form eines Hörspiels, eines Interviews, eines Gedichts oder eines Fachbeitrags.
(4) Entwerft einen **Flyer** zum Thema „Gefahren im Netz".
  ▶ Macht allgemein auf das Thema aufmerksam.
  ▶ Nennt konkrete Verhaltensregeln, die helfen, Cybermobbing an eurer Schule zu verhindern.
  ▶ Nennt Ansprechpartner und Ansprechpartnerinnen, Hilfsangebote und Kontaktadressen.
(5) Entwerft **Plakate** zu den Themen „Anti-Cybermobbing" oder „Sicherheit im Netz".
(6) Denkt euch **Slogans** zum Thema „Cybermobbing" aus, z.B.: „Erst denken, dann posten", und gestaltet diese.
(7) Erstellt einen **Film** oder **Handy-Clip**.
  ▶ Nutzt dazu das Arbeitsblatt „Ein Erklärvideo drehen".
(8) Erstellt eine **Fotostory oder einen Comic zum Thema „Neue Medien"**.
  ▶ Denkt euch eine kurze Geschichte zum Thema aus.
  ▶ Macht mit einem Handy fünf bis zehn Fotos oder zeichnet Bilder, die zur Geschichte passen.
  ▶ Gestaltet ein Plakat und fügt zu den Bildern Sprech-/Gedankenblasen und Erzähltexte hinzu.
(9) Schreibt und führt ein **Rollenspiel, Theaterstück** oder eine **Talkshow** auf.
  ▶ Nutzt dazu das Arbeitsblatt „Ein Erklärvideo drehen ".
(10) Plant ein **Handyfasten** an eurer Schule. Überlegt euch, wie ihr das Handyfasten durchführt, wie ihr die Ergebnisse auswertet und in welcher Form ihr sie präsentiert.
  ▶ Nutzt dazu das Arbeitsblatt „Handyfasten".
(11) Recherchiert nach **Vorträgen** von Experten und Expertinnen oder **Autorenlesungen**. Bereitet schriftlich eine E-Mail vor, in der ihr von eurem Aktionstag berichtet und die Experten und Expertinnen dazu einladet.

Tipp:
Denkt auch darüber nach, wo und wie ihr eure Ergebnisse präsentieren wollt: Aufführungen? Ausstellungen? Veröffentlichen oder Austeilen mit Schülerzeitung? Aufhängen am Schwarzen Brett?

Umgang mit sozialen Netzwerken | Klassen-/Schulaktion zum Thema „Neue Medien" | Arbeitsblatt 14

Handyfasten

Zeitraum vom .... bis zum	Montag		Dienstag		Mittwoch		Donnerstag		Freitag	
	ja	nein	ja	nein	ja	nein	ja	nein	ja	nein
Hast du den ganzen Tag verzichtet?										
→ Wenn nein: Von wann bis wann hast du verzichtet? (Uhrzeit)										
Was hast du heute ohne Handy gemacht?										
Wie hast du die Zeit anders verbracht?										
Wie hast du dich dabei gefühlt? → siehe Kasten										
In welchen Situationen hast du dein Handy vermisst?										
Wie hast du das Problem gelöst?										
Wie beurteilst du den Tag heute? Kreuze an.	:) :| :(		:) :| :(		:) :| :(		:) :| :(		:) :| :(	
Was hast du aus der Woche mitgenommen? Wirst du etwas an deinem Handykonsum oder -verhalten ändern?										

entspannt, stressfrei, gelangweilt, gestresst, zufrieden, frei, hilflos, ausgeschlossen, ruhig, abgeschottet, einsam, angespannt, ausgeglichen ...

◎ Aufgabe

Trage den Zeitraum des Handyfastens in die Tabelle ein. Schreibe jeden Tag ein kurzes Protokoll, in dem du festhältst, wie du deinen Tag ohne Handy erlebt hast.

Recherchieren und seriöse Quellen nutzen

Unterschiedliche Quellen kennenlernen

Darum geht's

Viele Schüler*innen gehen bei der Recherche von Themen und Inhalten sehr unstrukturiert vor. Durch die Möglichkeiten des Internets besteht die Gefahr der Informationsflut – aus diesem Grund ist es unverzichtbar, verschiedene Informationsquellen zu kennen, diese gezielt nutzen zu können und sich deren Vor- und Nachteile bewusst zu werden. Der Ablauf der Stunde zeigt sich wie folgt:
- Bildimpuls zu „Valentin braucht Hilfe bei der Recherche"
- Erarbeitung von ersten Ideen, wie Informationen recherchiert werden können
- Auseinandersetzung mit unterschiedlichen Print- und Onlinequellen
- Erarbeiten von konkreten Tipps in Bezug auf die richtige Informationsrecherche

Zielkompetenzen

Die Schüler*innen
- lernen unterschiedliche Arten von Quellen kennen und
- setzen sich mit den Vor- und Nachteilen verschiedener Quellen auseinander.

Material

- Arbeitsblatt „Valentin braucht Hilfe" (S. 68)
- Arbeitsblatt „Wie finde ich Informationen zu einem Thema?" (S. 69–71)

◎ Vorbereitung

Kopieren Sie die Arbeitsblätter in Klassenstärke.

◎ Stundenverlauf

Einstieg

ca. 10 Minuten

Teilen Sie das Arbeitsblatt „Valentin braucht Hilfe" aus und erläutern Sie der Klasse das Problem von Valentin. Er muss ein Referat zu dem Thema „Die Stadt London" halten und weiß nicht, wo er Informationen zu diesem Thema finden kann. Sowohl das Internet als auch die (Schul-)Bibliothek hat ihn überfordert.

Arbeitsphase 1

ca. 10 Minuten

Fordern Sie die Schüler*innen in Partnerarbeit auf, Valentin bei seiner Recherche zu helfen und sich im Gespräch mithilfe der ersten beiden Aufgaben mündlich auszutauschen. Die Ergebnisse des Gesprächs können dabei stichpunktartig auf dem Arbeitsblatt festgehalten werden.

Sicherung 1

ca. 15 Minuten

Sammeln Sie die Antworten zu Aufgabe 1 im Plenum und halten Sie die Ergebnisse auf einem Medium (Tafel, Folie, Plakat) schriftlich fest. Mögliche Antworten könnten sein:
- Lexikon
- Wikipedia
- Schulbuch
- Sachbücher
- Kinderzeitungen/Kinderzeitschriften

Besprechen Sie anschließend die Aufgabe 2 und ggf. die Sternchenaufgabe im Unterrichtsgespräch. Leiten Sie nun in die Einzelarbeitsphase über, in der die unterschiedlichen Quellen ausführlicher betrachtet und deren Vor- und Nachteile benannt werden.

Arbeitsphase 2

ca. 35 Minuten

Teilen Sie nun das Arbeitsblatt „Wie finde ich Informationen zu einem Thema?" aus und lassen Sie die Schüler*innen zunächst den Text lesen und klären Sie ggf. offene Fragen. Anschließend sollen die Lerner*innen wichtige Passagen des Textes markieren (Aufgabe 1), um dann schriftlich die Aufgabe 2 in Einzelarbeit und die Aufgabe 3 in Partnerarbeit zu bearbeiten.

Sicherung 2

⏱ **ca. 10 Minuten**

Sichern Sie die Ergebnisse durch ein Unterrichtsgespräch, in dem die Inhalte der Tabelle vorgelesen und besprochen werden. Es ist wichtig, dass die Schüler*innen erkennen, dass jede Quelle Vor- und Nachteile hat. Die Vorteile von Buchquellen liegen in der besseren Absicherung der Informationen, Quellen aus dem Internet besitzen hingegen häufig eine höhere Aktualität und sind schneller zu beziehen. Gerne erwähnen Lernende, dass ihnen das Internet schneller Ergebnisse liefert und es lästig oder anstrengend für sie ist, in einem Buch nachzuschlagen. Entkräften Sie dieses Argument, denn auch eine Recherche im Internet erfordert Arbeit, da man sich häufig wnicht zu 100 Prozent darauf verlassen kann, dass die Ergebnisse wirklich korrekt sind, und aus diesem Grunde die Informationen gründlicher überprüfen muss.

Reflexion

⏱ **ca. 10 Minuten**

Bitten Sie die Schüler*innen zum Schluss drei Tipps an Valentin zu formulieren, wie er auf die beste Art und Weise Informationen für sein Referat finden kann. Dies kann wahlweise schriftlich oder mündlich geschehen. Im Idealfall sollte Valentin empfohlen werden, mehrere Quellen zu nutzen und sich sowohl auf Buchquellen als auch auf Quellen aus dem Internet zu beziehen.

Valentin braucht Hilfe

Hi ho,
ich bin Valentin und ich bin richtig genervt und gestresst. Ich muss nämlich in der Schule ein kurzes Referat über die Stadt London halten. Ich habe überhaupt keine Lust dazu und ich weiß auch nicht, wo ich Texte und Bilder über dieses langweilige Thema finden kann. Ich habe den Begriff im Internet eingegeben, aber da gab es Millionen von Seiten.
In der Schulbibliothek war ich auch schon, aber da gibt es nur unendlich viele Regale mit Büchern.
Das Referat ist schon übermorgen! Könnt ihr mir helfen?

© Norbert Höveler

◎ Aufgaben

1. Suche dir eine Partnerin oder einen Partner und überlegt gemeinsam, wie ihr Valentin helfen könnt. Wo im Internet und wo in der Schulbibliothek kann er Texte und Bilder über die Stadt London finden? **Macht euch Notizen.**
2. Stellt euch vor, ihr müsstet morgen ein Referat über die Stadt London halten. Wie würdet ihr vorgehen und Informationen beschaffen? **Diskutiert dies mündlich.**
3. Nennt Personen, die euch oder Valentin bei dem Referat helfen können. Wen würdet ihr fragen und warum? **Macht euch Notizen in euer Heft.**

Wie finde ich Informationen zu einem Thema? (1/3)

◎ I. Bibliotheken

Möglichkeit 1: Lexikon

Ein Lexikon ist ein Nachschlagewerk. Man kann dort Begriffe nachschlagen und Informationen herausfinden, z. B. über die Stadt London. Ein Lexikon in Buchform ist beispielsweise das Schülerlexikon des Dudenverlags. Lexika sind in der Regel nach dem Alphabet sortiert. Das heißt, wenn du weißt, welchen Anfangsbuchstaben dein Begriff hat, kannst du ihn ganz einfach im Lexikon nachschlagen. Häufig sind die Informationen in einem Lexikon nicht sehr ausführlich. Aus diesem Grund liefern Lexika nur erste Informationen und geben dir einen groben Überblick. Zusätzlich gibt es noch spezielle Lexika, die sich mit nur einem Thema befassen, z. B. mit Tieren oder den Ländern unserer Erde.

Möglichkeit 2: Sachbuch oder Sachtext

Ein Sachbuch befasst sich ausführlich mit einem Thema. Sachbücher sind sehr hilfreich für die Beschaffung von Informationen. Man findet dort ausführliche Erklärungen und diese sind in der Regel auch verständlich dargestellt, denn die Autoren und Autorinnen von Sachbüchern haben sich viele Gedanken über das Thema gemacht. Dennoch ist es wichtig, dass man sich auf Sachbücher bezieht, die nicht zu alt sind. Du findest die Jahreszahl, wann das Buch veröffentlicht wurde, häufig auf einer der ersten Seiten des Buches, im Impressum.
Ein Sachtext ist ein kurzer Text, den man z. B. in Zeitschriften findet. Auch in Sachtexten sind die Informationen in der Regel richtig und gut durchdacht. Im Gegensatz zu Sachbüchern sind sie aber kürzer und umfassen wenige Seiten.

◎ II. Im Internet

Möglichkeit 1: Suchmaschinen

Eine Suchmaschine bietet dir die Möglichkeit, viele Informationen zu einem Thema zu finden. Gibst du z. B. in die bekannteste Suchmaschine Google den Begriff „London" ein, so wirst du Millionen von Ergebnissen erzielen. Leider sind nicht alle davon hilfreich. Dies ist auch das größte Problem, denn bei Suchmaschinen stehen die besten Ergebnisse nicht immer zu Beginn. Außerdem verliert man bei so vielen Seiten schnell die Übersicht.
Häufig weißt du auch nicht, wer die Inhalte der jeweiligen Seite verfasst hat und ob sie richtig sind. Denn jede beliebige Person kann im Internet eine Seite zu einem Thema erstellen. Dennoch können Suchmaschinen nützlich sein und dir schnell einen Überblick verschaffen. Dies gilt insbesondere für Kindersuchmaschinen. Alle Informationen, die du dort findest, sind von Menschen geprüft worden. Deswegen findest du dort auch keine verbotenen Inhalte. In Deutschland gibt es drei große Suchmaschinen für Kinder: www.blinde-kuh.de, www.fragfinn.de und www.helles-koepfchen.de. Aber auch hier musst du Regeln beachten, denn eine Suchmaschine lässt sich nicht immer einfach bedienen.

Wie finde ich Informationen zu einem Thema? (2/3)

Möglichkeit 2: Online-Lexikon
Ein Online-Lexikon ist ähnlich aufgebaut wie ein Lexikon in Buchform. Der Vorteil eines Online-Lexikons ist, dass du nicht so lange blättern und suchen musst wie in einem richtigen Buch. Du kannst dich einfach durch die Begriffe klicken und findest manchmal noch Querverweise und ausführlichere Erläuterungen, wenn du auf eine Verlinkung klickst.
Wie bei einem Lexikon in Buchform wird zwischen allgemeinen Online-Lexika und spezialisierten Online-Lexika unterschieden. Denn manche Online-Lexika konzentrieren sich auf bestimmte Themen. Ein Beispiel ist das Lexikon der Seite www.internet-abc.de, du findest es unter: www.internet-abc.de/lexikon. Dort findest du Erklärungen zu Begriffen rund um den Computer und das Internet.
Insgesamt bietet ein Online-Lexikon viele Vorteile, dennoch ist nicht immer sicher, wer dieses Lexikon verfasst hat und ob die Informationen stimmen. Viele Online-Lexika enthalten zusätzlich Werbung oder können dich auf unseriöse und nicht sichere Seiten verweisen.

Möglichkeit 3: Wikipedia
Wikipedia leitet sich von dem Begriff „Wiki" ab. Unter einem Wiki versteht man eine Webseite, bei der jeder und jede mitmachen kann. Wikipedia stellt daher eine Besonderheit unter den Nachschlagewerken im Internet dar. Im Gegensatz zu einem Online-Lexikon kann hier jede Person Texte schreiben, verbessern und verändern. Wikipedia ist daher einem ständigen Wandel unterzogen. Du kannst aber nie sicher sein, dass die Informationen, die du auf Wikipedia findest, wirklich richtig sind. Es kann sein, dass sich eine Person einen Scherz erlaubt hat und absichtlich etwas Falsches geschrieben hat. Daher ist es wichtig, dass du Wikipedia nie als einzige Quelle nutzt, sondern die Informationen noch einmal durch eine weitere Quelle (z. B. ein Lexikon) absicherst.
Am Ende eines Wikipedia-Eintrags findest du häufig weiterführende Links und die Auflistung von Quellen. Der Autor oder die Autorin belegt damit, woher er oder sie diese Informationen hat. Fehlen diese Auflistungen, dann verwende den Artikel besser nicht.

◎ Aufgaben

1. Lies die Texte in Ruhe durch und markiere die wichtigen Punkte.
2. Fülle im Anschluss daran die Tabelle auf der nächsten Seite aus.
3. Tausche dich nun mit deiner Sitznachbarin oder deinem Sitznachbarn über die Ergebnisse aus. Vergleicht eure Tabellen und ergänzt fehlende Vor- und Nachteile.
4. ★ Nenne weitere Quellen. Welche Vor- und Nachteile haben diese? Mache dir Notizen in dein Heft.

Recherchieren und seriöse Quellen nutzen | **Unterschiedliche Quellen kennenlernen** | Arbeitsblatt

Wie finde ich Informationen zu einem Thema? (3/3)

Unterschiedliche Quellen und deren Vor- und Nachteile

Quelle	Lexikon	Sachbücher/Sachtexte	Suchmaschine	Online-Lexikon	Wikipedia
Was genau bedeutet der Begriff?					
Vorteile					
Nachteile					

Suchmaschinen: Die Grundlagen

Darum geht's

Kinder und Jugendliche nutzen Suchmaschinen, dennoch fehlt es an Wissen, wie diese aufgebaut sind. So sind die Schüler*innen in der Regel erstaunt, wenn sie erfahren, dass es häufig Computer sind, die Ergebnisse auf Suchmaschinen festlegen, und nicht Menschen. Der Ablauf der Stunde zeigt sich wie folgt:
- Einstieg ins Thema: Wie kann man Informationen recherchieren?
- Erarbeitung der Funktionsweise von unterschiedlichen Suchmaschinen
- Präsentation der Arbeitsergebnisse
- Unterrichtsgespräch über Gefahren und Probleme von Suchmaschinen

Zielkompetenzen

Die Schüler*innen
- erklären den Unterschied zwischen einer indexbasierten und einer katalogbasierten Suchmaschine,
- erkennen, dass ein hoher Anteil der heutigen Suchmaschinen indexbasiert arbeitet und die Ergebnisse durch Computerprogramme gesteuert werden, und
- bewerten die Nutzbarkeit von indexbasierten Suchmaschinen und benennen mögliche Gefahren und Probleme.

Material

- Arbeitsblatt „Eine Suchmaschine erklären" (S. 73–76)

◎ Vorbereitung

Kopieren Sie das Arbeitsblatt in Klassenstärke.

◎ Stundenverlauf

Einstieg

ca. 15 Minuten

Teilen Sie das Arbeitsblatt „Eine Suchmaschine erklären" aus und lesen Sie mit Ihren Schüler*innen den Text „Valentin versteht die Welt nicht mehr" (S. 73). Sprechen Sie anschließend mit der Klasse kurz über das Problem von Valentin und seiner Oma.

Arbeitsphase

ca. 35 Minuten

Fordern Sie die Schüler*innen auf, Valentins Notizen (S. 74–75) zu lesen, und klären Sie im Anschluss ggf. offene Fragen. Danach sollen die Lernenden die Aufgaben 1 und 2 in Einzelarbeit schriftlich bearbeiten. Achten Sie darauf, dass diese hierfür die vorgegebene Tabelle auf S. 76 ausfüllen.

Sicherung

ca. 25 Minuten

Bitten Sie die Lernenden, die Tabelle von S. 76 in Partnerarbeit zu kontrollieren und zu verbessern (Aufgabe 3). Sichern Sie die Ergebnisse durch ein Unterrichtsgespräch, in dem die Inhalte der Tabelle vorgelesen und besprochen werden. Mögliche Impulsfragen könnten sein:
- *Welchen Unterschied gibt es zwischen index- und katalogbasierten Suchmaschinen?*
- *Wie arbeiten indexbasierte Suchmaschinen?*

Reflexion

ca. 15 Minuten

Sprechen Sie abschließend noch einmal über mögliche Probleme und Gefahren, die von Suchmaschinen ausgehen können. Dies gilt insbesondere für indexbasierte Suchmaschinen, die falsche- und auch jugendgefährdende Informationen anzeigen können. Katalogbasierte Suchmaschinen, wie Kindersuchmaschinen, bieten hier eine gute Alternative, insbesondere deshalb, weil sie von Menschen vorstrukturiert und somit die Inhalte kontrolliert werden.

Recherchieren und seriöse Quellen nutzen | **Suchmaschinen: Die Grundlagen** | Arbeitsblatt

Eine Suchmaschine erklären (1/4)

◎ Valentin versteht die Welt nicht mehr

Valentin ist verwirrt. Er hatte gestern einen Streit mit seiner Oma. Oma wollte wissen, wie die Hauptstadt von Kanada heißt. Sie hat überlegt und überlegt, denn schließlich war Oma schon einmal in Kanada. Ihr ist nur der Name der Hauptstadt nicht mehr eingefallen. Valentin wollte helfen und schlug Oma vor, im Internet nachzugucken. Da wurde Oma plötzlich wütend. „Du und dein blödes Internet! So einfach ist das nicht", antwortete sie. Valentin war verwirrt, denn es ist doch einfach, etwas im Internet nachzugucken! Aber da Oma so wütend wurde, beschloss er, zu schweigen und nicht zu helfen. Also sah er seiner Oma zu, wie sie mühsam den Atlas aus dem Regal holte, dann ihre Brille suchte, da sie die vielen kleinen Städte nicht lesen konnte, und endlich herausfand, dass die Hauptstadt von Kanada Ottawa heißt. War das umständlich! Valentin schüttelte den Kopf und beschloss, seiner alten Oma zu helfen. Er wird Oma daher beim nächsten Besuch erklären, was eine Suchmaschine ist und wie sie funktioniert. Kannst du ihm helfen?

Ottawa in Kanada

◎ Aufgaben

1. Lies die Notizen auf den beiden folgenden Seiten, die Valentin sich gemacht hat, und unterstreiche wichtige Passagen.
2. Übertrage die wichtigen Informationen in die Tabelle „Valentins Vortrag für Oma" auf Seite 4/4.
3. Suche dir eine Partnerin oder einen Partner und überprüft gemeinsam eure Tabellen. Kann Valentins Oma den Inhalt eurer Tabellen verstehen? Ergänzt eure Ergebnisse.
4. Befasse dich mit dem Abschnitt zum PageRank-Algorithmus. Valentin hat sich hierzu auch einige Notizen gemacht. Schreibe deine Notizen ebenfalls in die Tabelle.

Eine Suchmaschine erklären (2/4)

◎ Valentins Notizen

Was ist eine Suchmaschine?

Puh, wie erklärt man Oma, was eine Suchmaschine ist. Das ist schwierig. Valentin hat wirklich lange recherchiert:

- Suchmaschinen sind wichtig, denn dort kann man ganz viele Informationen bekommen, über Hauptstädte, Tiere, Filme, Autos usw. Wenn man etwas nicht weiß, gibt man es einfach in so eine Suchmaschine ein.
- Suchmaschinen sind riesige Datenbanken mit vielen Informationen, als hätte man 1000 Bücher oder Lexika zur Verfügung, und man kann ganz schnell darauf zugreifen. Das spart Zeit!
- Manchmal können Suchmaschinen aber auch ein Ergebnis liefern, das man gar nicht haben wollte. Dann hat man den Begriff falsch eingegeben oder der Begriff hat eine doppelte Bedeutung, wie z. B. die Sportart Golf und die Automarke „Golf". Zusätzlich gibt es so viele Ergebnisse, dass man nicht weiß, ob etwas richtig ist. Kein Mensch kann alle Ergebnisse aus dem Internet kontrollieren. Es gibt einfach viel zu viele Webseiten. Ich muss Oma also zeigen, wie man richtig googelt!

Die Erfindung der Suchmaschinen im Internet

Valentin kann es sich gar nicht vorstellen, aber es gab wirklich einmal eine Zeit, in der es noch kein Internet gab. Oma musste also wirklich alles in Büchern nachschlagen? Und wie sind die Suchmaschinen eigentlich entstanden? Hier sind seine Notizen:

- Die Suchmaschine **Google** gibt es seit 1998. Sie ist unter anderem so berühmt geworden, weil sie nach einem bestimmten Ranking Ergebnisse liefert: dem PageRank-Algorithmus.
- Vor Google gab es noch andere Suchmaschinen, die wohl nicht so gut waren wie Google. Seit 1994 gibt es die Suchmaschine **Yahoo** und seit 1996 eine deutschsprachige Suchmaschine namens **Fireball**. Diese Suchmaschinen waren aber nicht so erfolgreich wie die Suchmaschine von Google, was wiederum an der tollen Erfindung von Google lag, diesem PageRank-Algorithmus. Was ist das bloß?
- Heute nutzt in Deutschland kaum jemand die Suchmaschine Yahoo. Und was ist aus der Suchmaschine Fireball geworden? Es gibt sie noch. Sie wirbt jetzt damit, anonym zu sein und keine Userdaten zu sammeln. Dafür wird neben der Suchmaschine Google noch die Suchmaschine **Bing** genutzt, die es seit 2009 gibt. Sie ist ebenfalls eine große Suchmaschine und gehört der Firma Microsoft. Aktuell gibt es also zwei große Suchmaschinen.

Eine Suchmaschine erklären (3/4)

◎ Valentins Notizen

Unterschiedliche Arten von Suchmaschinen

Valentin weiß, dass es unterschiedliche Arten von Suchmaschinen gibt. Diese möchte er Oma unbedingt vorstellen, damit sie sieht, wie vielfältig die Welt des Internets ist – und wie nützlich:

- Kindersuchmaschinen, wie **FragFinn, Helles Köpfchen** oder **Blinde Kuh**, filtern ihre Suchergebnisse: Das bedeutet, dass Menschen die Antworten zusammengestellt haben. Gibt man dort z. B. den Begriff „Elefant" ein, so haben Menschen vorher entschieden, welche Ergebnisse zu sehen sind und ob der Inhalt richtig ist. Das hat den Vorteil, dass blöde oder gefährliche Seiten, auf denen z. B. Menschen beleidigt werden oder auf denen es um Gewalt geht, gar nicht gezeigt werden. Diese Seiten wollen Valentin und seine Oma auch gar nicht sehen.
- Kindersuchmaschinen sind in der Regel katalogbasierte Suchmaschinen, eben weil sie geordnet und strukturiert sind. Dies hat den Vorteil, dass sie übersichtlicher sind. Vielleicht sollte Oma doch besser eine katalogbasierte Suchmaschine nutzen?
- Neben den katalogbasierten Suchmaschinen gibt es die indexbasierten Suchmaschinen. Dazu gehören **Google** oder auch **Bing**, also die großen Suchmaschinen. Hier liefern Computerprogramme die Ergebnisse. Wenn Oma in diese Suchmaschinen den Begriff „Elefant" eingibt, dann wählt ein Computerprogramm die Ergebnisse aus, und nicht ein Mensch. Ob Oma das gefällt, wenn Maschinen Ergebnisse auswählen? Diese Programme nennt man Crawler oder Spider. Ein Vorteil ist natürlich, dass diese Spider oder Crawler viel schneller arbeiten als ein Mensch – sie suchen immer und zu jeder Zeit nach neuen Inhalten. Das hat Vorteile.

★ Die Zusatzaufgabe: Der PageRank-Algorithmus

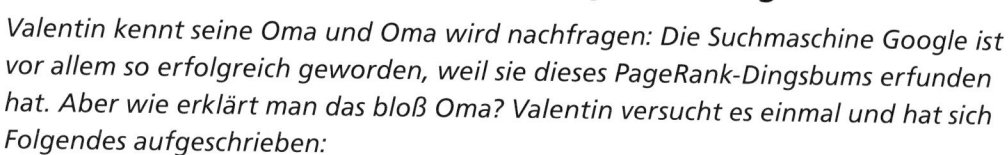

Valentin kennt seine Oma und Oma wird nachfragen: Die Suchmaschine Google ist vor allem so erfolgreich geworden, weil sie dieses PageRank-Dingsbums erfunden hat. Aber wie erklärt man das bloß Oma? Valentin versucht es einmal und hat sich Folgendes aufgeschrieben:

- Die Suchmaschine **Google** bewertet ihre Ergebnisse nach einem bestimmten System. Gebe ich einen Begriff in die Suchmaschine ein, werden die Antworten gewichtet und berechnet. Das macht ein Computer und der richtet sich nach dem PageRank-Algorithmus.
- Der PageRank-Algorithmus gibt also vor, welche Ergebnisse angezeigt werden sollen. Er hat Einfluss auf die Antworten. Er legt sozusagen fest: Je mehr dies und dies erfüllt wird, desto weiter oben erscheint die Antwort bei Google. Eigentlich logisch. Wonach genau er auswählt, das hat Valentin nicht so richtig verstanden, und Oma erklären? Besser nicht! Vielleicht, wenn er älter ist und es selbst versteht!

Eine Suchmaschine erklären (4/4)

© Valentins Vortrag für Oma

Was ist eine Suchmaschine?	Die Geschichte der Suchmaschinen	Kindersuchmaschinen

Indexbasierte und katalogbasierte Suchmaschinen	Gefahren und Probleme mit Suchmaschinen	★ Der PageRank-Algorithmus

Recherchieren und seriöse Quellen nutzen | Unterschiedliche Suchmaschinen kennenlernen | Lehrerhinweise

Unterschiedliche Suchmaschinen kennenlernen

Darum geht's

In dieser Stunde probieren die Schüler*innen unterschiedliche Suchmaschinen aus. Zur Auswahl stehen die Suchmaschinen Google und Bing, welche sich an Erwachsene richten, sowie die Kindersuchmaschinen FragFinn, Helles Köpfchen und Blinde Kuh. Die Schüler*innen sollen in dieser Unterrichtsstunde so selbstständig wie möglich arbeiten und die verschiedenen Suchmaschinen testen und bewerten. Der Ablauf der Stunde zeigt sich wie folgt:
- Brainstorming zur Informationsrecherche im Internet
- Testen von verschiedenen Suchmaschinen
- Präsentation der Arbeitsergebnisse
- Unterrichtsgespräch über die Nutzbarkeit der unterschiedlichen Suchmaschinen

Zielkompetenzen

Die Schüler*innen
- nennen Möglichkeiten der Informationsbeschaffung,
- untersuchen und bewerten unterschiedliche Suchmaschinen nach Inhalt und Aussehen,
- benennen Alternativen zu den Suchmaschinen Google und Bing und
- vergleichen Kindersuchmaschinen und Erwachsenensuchmaschinen in Hinblick auf die Gestaltung der Seiten und auf die Anzahl der Ergebnisse.

Material

- Arbeitsblatt „Unterschiedliche Suchmaschinen ausprobieren" (S. 78)
- internetfähige Geräte (PC, Laptop, Tablet)

Vorbereitung

Kopieren Sie das Arbeitsblatt in Klassenstärke und gehen Sie in den Computerraum oder teilen Sie – falls vorhanden – die Tablets aus.

Stundenverlauf

Einstieg

ca. 15 Minuten

Bitten Sie zu Beginn der Stunde, die Schüler*innen in Einzelarbeit aufzuschreiben, wie sie im Internet eine Information beziehen. Sammeln Sie die Ergebnisse anschließend im Plenum. Leiten Sie dann dazu über, dass es in dieser Stunde darum geht, mehrere Suchmaschinen auszuprobieren.

Arbeitsphase

ca. 45 Minuten

Fordern Sie die Schüler*innen in Partnerarbeit auf, verschiedene Suchmaschinen zu testen. Teilen Sie hierfür das Arbeitsblatt „Unterschiedliche Suchmaschinen ausprobieren" aus. Es ist wichtig, dass die Unterschiede zwischen den Kindersuchmaschinen und den Erwachsenensuchmaschinen deutlich werden. Dies betrifft z. B. die Darstellung der Seite, aber auch die Komplexität der Suchergebnisse.

Präsentation

ca. 20 Minuten

Die Lernenden stellen die Ergebnisse der Tabelle mündlich vor und begründen ihre Notengebung zu den unterschiedlichen Suchmaschinen.

Sicherung und Reflexion

ca. 10 Minuten

Sichern Sie die Ergebnisse durch ein Unterrichtsgespräch, in dem über den Nutzen unterschiedlicher Suchmaschinen gesprochen wird. Mögliche Impulsfragen wären:
- *Welche Unterschiede zwischen einer Kinder- und einer Erwachsenensuchmaschine gibt es?*
- *Warum ist es sinnvoll, mehrere Suchmaschinen zu befragen, wenn man etwas herausfinden möchte?*

Leiten Sie abschließend zu der Eingangsfrage über, wie im Internet Informationen gezogen werden können, und ergänzen Sie ggf. die anfänglichen Ideen aus dem Stundeneinstieg.

| 30 × 90 Minuten | Digitale Medienkompetenz

Unterschiedliche Suchmaschinen ausprobieren

Name der Suchmaschine	Ergebnisse zu dem Begriff „Silicon Valley"	Ergebnisse zu dem Begriff „Titanic"	Aussehen und Übersichtlichkeit	Schulnote
Google www.google.de				
Bing www.bing.de				
FragFinn www.frag-finn.de				
Blinde Kuh www.blinde-kuh.de				
Helles Köpfchen www.helles-koepfchen.de				

◎ Aufgabe

1. Welche Unterschiede zwischen Suchmaschinen gibt es? Teste und vergleiche die fünf verschiedenen Suchmaschinen Google, Bing, FragFinn, Blinde Kuh und Helles Köpfchen.
   a) Suche dir eine Partnerin oder einen Partner und übertragt die Tabelle in eure Hefte.
   b) Gebt dann auf allen vier Seiten die Begriffe „Silicon Valley" und „Titanic" ein. Tragt die Ergebnisse der Suchmaschinen in die richtige Tabellenspalte ein.
   c) Vergleicht die Ergebnisse und diskutiert über Unterschiede und Gemeinsamkeiten der Suchmaschinen. Macht euch dazu Notizen in euer Heft.
   d) Bewertet jede der fünf Suchmaschinen schriftlich:
      ◎ Welche Suchmaschine findet ihr übersichtlich gestaltet?
      ◎ Findet ihr eine Suchmaschine altmodisch oder zu chaotisch?
      ◎ Seid ihr mit der Auflistung der Ergebnisse zufrieden?
   e) Gebt der Suchmaschine abschließend eine Schulnote und begründet dies im Plenum.

Recherchieren und seriöse Quellen nutzen | Suchmaschinen richtig bedienen | Lehrerhinweise

Suchmaschinen richtig bedienen

Darum geht's

Die Schüler*innen lernen Tipps kennen, um bei der Recherche mit Suchmaschinen ergebnisorientierter vorzugehen zu können. Der Ablauf der Stunde zeigt sich wie folgt:
- Diskussion über die Vorteile des Internets
- Erarbeiten von Tipps und Tricks für die richtige Bedienung einer Suchmaschine
- Präsentation und Reflexion der Arbeitsergebnisse

Zielkompetenzen

Die Schüler*innen
- lernen Tipps und Tricks zur besseren Bedienung von Suchmaschinen kennen,
- wenden diese an und
- erkennen, dass man nur durch das richtige Bedienen von Suchmaschinen an korrekte Informationen kommen kann.

Material

- Arbeitsblatt „Eine Welt ohne das Internet – geht das überhaupt?" (S. 80)
- Arbeitsblatt „Tipps und Tricks für Suchmaschinen" (S. 81–82)
- internetfähige Geräte (PC, Laptop, Tablet)

◎ Vorbereitung

Kopieren Sie die Arbeitsblätter in Klassenstärke und gehen Sie in den Computerraum oder teilen Sie – falls vorhanden – die Tablets aus.

◎ Stundenverlauf

Einstieg

ca. 5 Minuten

Schreiben Sie das Wort „Internet" als stummen Impuls an die Tafel und sammeln Sie im Unterrichtsgespräch Reaktionen zu diesem Begriff.

Arbeitsphase 1

ca. 15 Minuten

Teilen Sie das Arbeitsblatt „Eine Welt ohne das Internet – geht das überhaupt?" aus und bilden Sie Gruppen à vier bis fünf Personen. Fordern Sie die Lernenden auf, anhand der Aufgabe 1 und 2 über den Inhalt des Arbeitsblattes zu sprechen.

Sicherung 1

ca. 10 Minuten

Sprechen Sie im Plenum über die Ergebnisse und über die Vorteile, die das Internet bietet, z. B. dass man viele Informationen von zu Hause aus recherchieren kann, wie die Abfahrtszeiten des Busses. Leiten Sie dann zum Kernthema der Stunde über: das richtige Bedienen von Suchmaschinen, mithilfe dessen man schnell an korrekte Informationen gelangen kann.

Arbeitsphase 2

ca. 40 Minuten

Teilen Sie nun den ersten Teil des Arbeitsblatts „Tipps und Tricks für Suchmaschinen" aus und bitten Sie die Lernenden in Einzelarbeit, den Text zu lesen und wichtige Passagen zu markieren. Klären Sie ggf. offene Fragen. Teilen Sie erst dann den zweiten Teil aus und bitten Sie Ihre Schüler*innen, die Aufgaben mithilfe von Google oder Bing schriftlich zu bearbeiten. Falls nicht genug internetfähige Geräte für die Einzelarbeit zur Verfügung stehen, können die Aufgaben auch in Partnerarbeit gelöst werden.

Sicherung 2 und Reflexion

ca. 20 Minuten

Sichern Sie die Ergebnisse durch ein Unterrichtsgespräch, in dem die Inhalte der Tabelle vorgelesen und besprochen werden. Es ist wichtig, dass die Schüler*innen die Tipps vom Arbeitsblatt beachtet und Hilfestellungen, wie Anführungszeichen, genutzt haben. Bitten Sie abschließend um Rückmeldungen zu den Suchaufgaben. Sprechen Sie über Schwierigkeiten, aber auch über Aufgaben, die den Schüler*innen leichtgefallen sind.

Recherchieren und seriöse Quellen nutzen | **Suchmaschinen richtig bedienen** | Arbeitsblatt

Eine Welt ohne das Internet – geht das überhaupt?

> Du möchtest mit dem Bus zu einem Freund oder einer Freundin fahren und herausfinden, wann der nächste Bus von der Bushaltestelle abfährt. Normalerweise guckst du dies im Internet nach, aber wie gehst du vor, wenn du das nicht machen kannst?

> Für ein Referat im Fach Biologie sollst du herausfinden, wie groß und wie alt ein Zebra werden kann. Wie kannst du dies ohne das Internet herausbekommen?

> Am Wochenende spielt dein Lieblingssportverein in der Nachbarstadt. Du hast aber keine Ahnung, wann das Spiel beginnt und gegen welche Mannschaft dein Lieblingsverein spielt. Wie kommst du an die Informationen, ohne das Internet zu benutzen??

> Du möchtest mit Freundinnen und Freunden das Schwimmbad deiner Stadt besuchen. Leider kennst du die Eintrittspreise nicht. Wie kannst du diese herausfinden, ohne im Internet nachzuschauen?

> Deine Mutter ist wirklich anstrengend. Du sollst ihr Kleid aus der Reinigung abholen, kennst aber den Weg nicht. Mit Google Maps wäre es kein Problem, die Poststraße aufzusuchen. Wie findest du die richtige Adresse, ohne das Internet zu benutzen?

> Du hast lange gespart und möchtest dir endlich das neuste Spiel für deine Spielkonsole kaufen. Normalerweise bestellst du dies im Internet, aber jetzt, ohne Internet? Wie gehst du vor?

Deine eigene Idee:

....

....

....

....

◎ Aufgabe

1. In jedem Kästchen wird ein Problem vorgestellt, das ohne das Internet gelöst werden soll. Arbeitet in der Gruppe und lest gemeinsam die Probleme, die hier geschildert werden.
2. Diskutiert in eurer Kleingruppe über mögliche Lösungen. Macht euch hierzu Notizen in euer Heft.
3. Bewertet abschließend eine Welt ohne das Internet im Plenum. Ist das für euch überhaupt möglich?
★ 4. Entwickelt ein eigenes Problem und schreibt es in das freie Kästchen.

Tipps und Tricks für Suchmaschinen (1/2)

Tipps und Tricks für Suchmaschinen

1. Achte auf die **Rechtschreibung**. Nur wenn du den Begriff richtig schreibst, wirst du auch das richtige Ergebnis finden. Ein kleiner Trost: Die meisten Suchmaschinen schlagen dir mittlerweile Alternativen vor, wenn du dich verschreibst.

2. Achte darauf, dass du **Begriffe nicht zu sehr verallgemeinerst**. Suchst du z. B. nach der *Pizzeria Neapel* in der Stadt Köln, hilft es dir nicht, wenn du in die Suchmaschine „Neapel" eingibst. Auch der Suchbegriff „Pizzeria Neapel" wird dir kein gutes Ergebnis liefern. Erst die Begriffe „Pizzeria Neapel Köln" sind nützlich, wenn du sie gemeinsam eingibst.

3. Beachte, dass ein Begriff **mehrere Bedeutungen** haben kann. Die Suchmaschine kann das nicht immer unterscheiden. Gibst du z. B. das Wort „Golf" in eine Suchmaschine ein, wirst du wahrscheinlich zuerst Ergebnisse zu einem Auto bekommen und nicht zu der Sportart.

4. Nutze Hilfszeichen, die deine Suche eingrenzen können. Diese Hilfszeichen nennt man Operatoren. Operatoren sind z. B.:
   - Der Ausschluss von Begriffen durch das **Minuszeichen** –. Mit diesem Zeichen kannst du bestimmte Themenbereiche ausschließen. Wenn du z. B. in eine Suchmaschine „**Fußballvereine in Deutschland – Bayern München**" eingibst, dann werden dir Ergebnisse zu Bayern München **nicht** angezeigt. Dies kann deine Suche erleichtern.
   - Das Setzen von **Anführungszeichen/Gänsefüßchen „"** ist ebenfalls hilfreich – dann wird nur exakt das gesucht, was du in Gänsefüßchen gesetzt hast. Dies kann praktisch sein, wenn du z. B. den Titel eines Liedes nicht kennst, dich aber an eine Songzeile erinnern kannst.

◎ Aufgaben

1. Lies den Infokasten aufmerksam und markiere wichtige Passagen im Text.
2. Beantworte im Anschluss daran die Fragen auf der nächsten Seite mithilfe einer Suchmaschine und notiere die Antworten in dein Heft. Beachte die dabei Tricks und Tipps auf dieser Seite.
3. Denke dir zwei weitere Fragen aus und lasse Mitschüler und Mitschülerinnen nach dem Ergebnis suchen.

Tipps und Tricks für Suchmaschinen (2/2)

◎ Suchaufgaben für Suchmaschinen

1) Wann wurde das Gedicht „Erlkönig" von Johann Wolfgang von Goethe geschrieben?

2) Die Sängerin Rihanna hat ein Lied geschrieben. Es heißt „Diamonds". Suche nach einer deutschen Übersetzung des Liedes und notiere die ersten drei Zeilen der deutschen Übersetzung.

3) Was bedeutet die Redewendung „Du feiner Pinkel"? Finde außerdem heraus, was Einwohner und Einwohnerinnen der Stadt Bremen unter einer Pinkel-Tour oder auch Kohl-Tour verstehen.

4) Finde heraus, wie oft der Fußballverein Bayern München den DFB Pokal gewonnen hat.

5) Nenne drei Vereine, bei denen der deutsche Fußballer Sebastian Schweinsteiger spielt oder gespielt hat.

6) Welches Tier war ein äußerst erfolgreiches Dressurpferd und wurde im Jahre 2000 in den Niederlanden geboren?

7) Finde heraus, wie der Schulleiter der Deutschen Schule im Staat New York heißt.

8) Wie lange dauert ein Direktflug von Düsseldorf nach Las Vegas?

9) Du benötigst einen deutschsprachigen Arzt auf der Insel Fuerteventura. Nenne einen Arzt und dazugehörige Adresse.

10) Wann findet das nächste Oktoberfest in der Stadt San Francisco statt?

Deine Fragen:

Recherchieren im Netz

Darum geht's

In dieser Unterrichtsstunde führen die Schüler*innen mithilfe von Kindersuchmaschinen eine selbstständige Internetrecherche zu einzelnen Themenbereichen durch. Sie baut daher auf den Inhalten der vorigen Stundenentwürfe auf, kann aber auch ohne diese durchgeführt werden, wenn die Schüler*innen bereits Vorerfahrungen im Umgang mit Suchmaschinen besitzen. Der Ablauf der Stunde zeigt sich wie folgt:
- Durchführung einer Internetrecherche zu unterschiedlichen Themen
- Präsentation und Reflexion der eigenen Arbeitsergebnisse

Zielkompetenzen

Die Schüler*innen
- können eigenständig und mithilfe von unterschiedlichen Kindersuchmaschinen eine Recherche zu vergebenen Themen durchführen und
- beurteilen und bewerten die Ergebnisse ihrer Recherche sowie den Umgang mit Kindersuchmaschinen.

Material

- Arbeitsblatt „Meine Internetrecherche" (S. 85)
- internetfähige Geräte (PC, Laptop, Tablet)

◎ Vorbereitung

Kopieren Sie das Arbeitsblatt in Klassenstärke, gehen Sie in den Computerraum oder teilen Sie – falls vorhanden – die Tablets aus. Notieren Sie die Impulsfragen für die Reflexionsphase an der Tafel oder dem Whiteboard. Stellen Sie dabei sicher, dass die Schüler*innen erst Zugang zu den Fragen haben, wenn sie sich damit auseinandersetzen müssen.

◎ Stundenverlauf

Einstieg

ca. 5 Minuten

Schreiben Sie die sechs Begriffe von dem Arbeitsblatt „Meine Internetrecherche" an die Tafel und bitten Sie die Schüler*innen, sich in einem Murmelgespräch zu diesen Begriffen auszutauschen. Sammeln Sie anschließend mögliche Äußerungen dazu und schreiben Sie diese ggf. an die Tafel.

Arbeitsphase

ca. 50 Minuten

Teilen Sie das Arbeitsblatt „Meine Internetrecherche" aus und lassen Sie die Schüler*innen die Aufgabe 1 in Einzelarbeit bearbeiten. Achten Sie darauf, dass die Schüler*innen nur die genannten Kindersuchmaschinen nutzen und sich ausführlich mit den unterschiedlichen Ergebnissen auseinandersetzen.
Falls nicht genug internetfähige Geräte für die Einzelarbeit zur Verfügung stehen, können die Aufgaben auch in Partnerarbeit gelöst werden.

Sicherung

ca. 10 Minuten

Sichern Sie die Ergebnisse durch ein Unterrichtsgespräch, in dem die Inhalte des Arbeitsblattes vorgelesen und besprochen werden.

Reflexion

ca. 25 Minuten

Teilen Sie die Klasse in Gruppen à drei bis vier Schüler*innen auf und bitten Sie die Gruppen, sich über die Recherche auszutauschen. Impulsfragen könnten z. B. sein:
- *Wie hat euch die Suche mit der Kindersuchmaschine gefallen?*
- *Welche Vorteile hat die Nutzung einer Kindersuchmaschine? Welche Nachteile gibt es?*
- *Welche Suchmaschine hat euch besser gefallen und warum?*

Tauschen Sie sich anschließend in einem Unterrichtsgespräch über die gemeinsamen Eindrücke und Erfahrungen aus. Nutzen Sie hier ggf. das Tafelbild aus dem Unterrichtseinstieg.

Lösung

Der Leuchtturm von Pharos
- Gebäude
- eines der sieben Weltwunder der Antike
- wurde Anfang des 3. Jahrhunderts gebaut
- wurde durch ein Erdbeben um 1330 zerstört
- gilt als einer der ersten Leuchttürme

Iltis
- ein Tier (Familie der Marder)
- leben in Europa, Afrika und Asien
- Einzelgänger
- Raubtier und guter Jäger
- gezähmte Iltisse nennt man Frettchen

Nobelpreis
- bekannteste Auszeichnung
- wird jährlich verliehen, z. B. in den Bereichen Medizin oder Physik
- geht zurück auf Alfred Nobel, der sein Vermögen als Preisgeld spendete und die Kategorien festlegte

Vincent van Gogh
- niederländischer Maler
- geboren 1853, starb 1890
- lebte viel in Frankreich
- hatte psychische Probleme, schnitt sich nach einem Streit ein Teil seines Ohres ab
- Begründer der modernen Malerei

9. November
- wichtiges Datum der deutschen Geschichte. Immer wieder kam es am 9. November zu wichtigen politischen Ereignissen, z. B.:
- 9. November 1918: Reichskanzler Max von Baden gab eigenmächtig die Abdankung des deutschen Kaisers Wilhelm II bekannt. Der Sozialdemokrat Philipp Scheidemann rief die deutsche Republik aus.
- 9. November 1938: In der Pogromnacht kam es in Deutschland zu massiven Ausschreitungen gegen Synagogen, jüdische Geschäfte und jüdische Bürgerinnen und Bürger.
- 9. November 1989: Die Berliner Mauer fiel.

Aggregatzustand
- Begriff aus der Chemie, der unterschiedliche Zustände eines Stoffes bezeichnet
- drei Zustände: fest, flüssig und gasförmig

Meine Internetrecherche

Leuchtturm von Pharos

....
....
....
....

Iltis

....
....
....
....

Nobelpreis

....
....
....
....

Vincent van Gogh

....
....
....
....

9. November

....
....
....
....

Aggregatzustand

....
....
....
....

◎ Aufgaben

1. In den Themenkästchen findest du fett gedruckte Begriffe. Finde Informationen zu diesen Begriffen. Gehe folgendermaßen vor:
   a) Suche die Begriffe mithilfe der Kindersuchmaschinen www.fragfinn.de, www.helles-koepfchen.de und www.blinde-kuh.de.
   b) Schreibe all das, was du zu den Begriffen in Erfahrung bringen kannst und was du für wichtig hältst, in das jeweilige Themenkästchen.

★ 2. Wähle einen Begriff/ein Thema aus, der/das dich interessiert. Erstelle hierzu ein eigenes Themenkästchen in deinem Heft.

Vor- und Nachteile von Wikipedia

Darum geht's

Die Schüler*innen lernen die freie Enzyklopädie Wikipedia kennen. Der Ablauf der Stunde zeigt sich wie folgt:
- Brainstorming zum Begriff „Wikipedia"
- Internetrecherche rund um Wikipedia und Präsentation der Ergebnisse
- Auseinandersetzung mit einem fiktiven Wikipedia-Artikel
- Diskussion über die Nutzbarkeit von Wikipedia

Zielkompetenzen

Die Schüler*innen
- lernen Wikipedia kennen,
- erläutern Vor- und Nachteile von Wikipedia und
- nennen mögliche Sicherungsmaßnahmen von Wikipedia, um Fehler in den Artikeln zu vermeiden.

Material

- Arbeitsblatt „Wikipedia kennenlernen" (S. 87)
- Arbeitsblatt „Valentin schreibt einen Wikipedia-Artikel" (S. 88).
- internetfähige Geräte (PC, Laptop, Tablet)

◎ Vorbereitung

Kopieren Sie die Arbeitsblätter in Klassenstärke und gehen Sie in den Computerraum oder teilen Sie – falls vorhanden – die Tablets aus.

◎ Stundenverlauf

Einstieg

ca. 10 Minuten

Beginnen Sie die Unterrichtsstunde mit einem Brainstorming zum Begriff „Wikipedia". Sammeln Sie die Begriffe an der Tafel und erstellen Sie eine Mindmap mit beispielsweise folgenden Begriffen: Lexikon, Quelle, Nachschlagen, Wissen

Arbeitsphase 1

ca. 20 Minuten

Geben Sie den Schüler*innen nun die Möglichkeit, Wikipedia kennenzulernen und auszuprobieren. Teilen Sie hierzu das Arbeitsblatt „Wikipedia kennenlernen" aus und lassen Sie die Schüler*innen die Aufgaben 1 und 2 in Einzelarbeit schriftlich bearbeiten. Falls nicht genug internetfähige Geräte für die Einzelarbeit zur Verfügung stehen, können die Aufgaben auch in Partnerarbeit gelöst werden.

Präsentation

ca. 10 Minuten

Die Schüler*innen stellen die Ergebnisse vor und berichten im Plenum von ihrer Recherche. Stellen Sie sicher, dass die Lernenden verstanden haben, dass Wikipedia sich dadurch auszeichnet, dass jede*r mitmachen kann, im Gegensatz zu z. B. einem Lexikon. Ergänzen Sie ggf. das Brainstorming an der Tafel vom Stundenbeginn.

Arbeitsphase 2

ca. 35 Minuten

Teilen Sie nun das Arbeitsblatt „Valentin schreibt einen Wikipedia-Artikel" aus und lassen Sie den Text von den Schüler*innen in Stillarbeit lesen. Bitten Sie die Lernenden dann, die Aufgaben 1 und 2 in Einzelarbeit und 3 und 4 in Partnerarbeit schriftlich zu bearbeiten.

Reflexion

ca. 15 Minuten

Sprechen Sie abschließend mit Ihrer Klasse über die Problematik, dass auf Wikipedia auch falsche Informationen angezeigt werden können. Gehen Sie hierbei auch auf mögliche Sicherungsmaßnahmen ein, die Wikipedia nutzt. Hierzu gehören z. B. die Nachweispflicht von Quellen, die Sichtung und Kontrolle der Artikel durch erfahrene Wikipedia-Autor*innen oder die Kontrolle durch die Wikipedia-Community.

Recherchieren und seriöse Quellen nutzen | **Vor- und Nachteile von Wikipedia** | Arbeitsblatt

Wikipedia kennenlernen

◎ Aufgaben

1. Besuche zu Beginn die Internetseite www.wikipedia.org und schaue dich ein wenig auf der Startseite um. Beantworte folgende Fragen schriftlich:
    a) Was gefällt dir an der Startseite und was nicht? Beantworte die Fragen schriftlich mithilfe der Tabelle:

Das gefällt mir:	Das gefällt mir nicht:

   b) Du hast auf der Startseite von www.wikipedia.org die Möglichkeit, dir zufällige Artikel anzeigen zu lassen. Probiere dies einmal aus. Nenne die Überschriften von drei Artikeln, die du interessant findest, und schreibe sie in dein Heft.
   c) Gibt es etwas, was dich besonders interessiert und du immer schon wissen wolltest? Versuche, mithilfe von Wikipedia eine Antwort zu finden, indem du den Begriff in die Suchleiste eingibst. Hat es geklappt und bist du zufrieden mit dem Ergebnis? Mach dir Notizen in dein Heft.

2. Finde nun einige Dinge über Wikipedia heraus. Besuche hierzu neben der Internetseite www.wikipedia.org auch die Internetseiten www.fragfinn.de, www.helles-koepfchen.de und www.blinde-kuh.de und beantworte folgende Fragen schriftlich, indem du den Begriff „Wikipedia" in die Suchleiste eingibst.

   Seit wann gibt es Wikipedia? ....

   Wer hat Wikipedia gegründet? ....

   Wer schreibt die Artikel auf Wikipedia? ....

   Was bedeutet der Begriff „Wiki"? ....

Valentin schreibt einen Wikipedia-Artikel

Valentin hat im Unterricht von Wikipedia erfahren. Er ist jetzt so begeistert, dass er beschlossen hat, einen eigenen Artikel zu schreiben. Seine Idee: Er schreibt einen eigenen Wikipedia-Artikel über sich selbst.

Valentin

Valentin ist ein großartiger Junge, der vor zwölf Jahren in Köln geboren wurde. Valentin ist 1,80 Zentimeter groß und 100 Kilogramm schwer. Valentin ist sehr muskulös und schön.

Seine größten Erfolge feierte Valentin als Judo-Kämpfer. Er kämpfte gegen die schwierigsten Gegner. Eine Teilnahme bei der Olympiade lehnte er allerdings ab. Dies sei zu einfach für ihn, sagte er. Valentin kämpft lieber in seiner Freizeit.

Besonders berühmt ist Valentin geworden, als er es mit drei Gegnern auf einmal aufnahm. Er besiegte diese mit einer Leichtigkeit, was das Publikum verwunderte.

Valentin selbst lebt aktuell in Köln. Er ist unfassbar beliebt und niemand ist so klug wie er.

◎ Aufgaben

1. Hat dir der Wikipedia-Artikel von Valentin gefallen? Begründe deine Meinung schriftlich und formuliere Verbesserungstipps an Valentin, falls dir etwas nicht gefallen hat.
2. Bei Wikipedia kann jede und jeder mitmachen: Nenne Vor- und Nachteile davon. Zeichne die Tabelle in dein Heft und notiere deine Ergebnisse dort.

Vorteile	Nachteile

3. Suche dir eine Partnerin oder einen Partner. Vergleicht eure Ergebnisse und ergänzt diese gegebenenfalls.
4. Überlegt gemeinsam, wie sich Wikipedia vor falschen Artikeln und Fehlern in Texten schützen kann. Nennt mögliche Maßnahmen und schreibt sie in euer Heft.
5. ★ Es ist wichtig, dass man neben Wikipedia auch noch weitere Quellen benutzt (z.B. ein Lexikon oder eine Kindersuchmaschine). Warum? Erklärt dies.

Recherchieren und seriöse Quellen nutzen | Wir gestalten unser eigenes Klassen-Wiki | Lehrerhinweise

Wir gestalten unser eigenes Klassen-Wiki

Darum geht's

Die Schüler*innen gestalten, angelehnt an Wikipedia, ein eigenes Klassen-Wiki. Der Ablauf der Stunde zeigt sich wie folgt:
- Erstellen eines eigenen Wikipedia-Artikels
- Korrektur und Überarbeitung der Artikel
- Reflexion der eigenen Arbeitsergebnisse

Zielkompetenzen

Die Schüler*innen
- machen sich mit dem Aufbau eines Wikipedia-Artikels vertraut, indem sie einen eigenen Text schreiben und
- überarbeiten eigene und fremde Texte mithilfe eines Bewertungsrasters.

Material

- Arbeitsblatt „Mein Artikel für das Klassen-Wiki" (S. 90)
- Arbeitsblatt „Das Bewertungsraster" (S. 91).
- internetfähige Geräte (PC, Laptop, Tablet), ggf. Lexika und Sachbücher

◎ Vorbereitung

Kopieren Sie die Arbeitsblätter in Klassenstärke und gehen Sie in den Computerraum oder teilen Sie – falls vorhanden – die Tablets aus.

◎ Stundenverlauf

Einstieg

ca. 5 Minuten

Erklären Sie zu Beginn der Stunde das Stundenziel: ein eigenes Klassen-Wiki zu erstellen. Erläutern Sie ggf. noch einmal, was ein Wiki ist (von Nutzern gesammelte Informationen zu einem Thema, die auch von diesen bearbeitet werden können).

Arbeitsphase 1

ca. 35 Minuten

Teilen Sie das Arbeitsblatt „Mein Artikel für das Klassen-Wiki" aus und lassen Sie die Lernenden in Einzelarbeit an ihren Texten für das Klassen-Wiki schreiben. Rechnen Sie damit, dass es Schüler*innen gibt, die keine eigenen Ideen haben, und geben Sie ggf. Themen (Fußballvereine, Reiseziele, Spielkonsolen etc.) vor.

Arbeitsphase 2

ca. 20 Minuten

Die Schüler*innen bilden 3er-Gruppen und bewerten und überarbeiten ihre Texte. Teilen Sie dazu das Arbeitsblatt „Das Bewertungsraster" aus und lassen Sie die Schüler*innen die Texte der jeweils anderen Gruppenmitglieder mithilfe des vorgegebenen Rasters bewerten und anschließend in Einzelarbeit verbessern.

Präsentation

ca. 20 Minuten

Das Klassen-Wiki wird präsentiert, indem die Schüler*innen ihre Texte im Plenum vorlesen. Alternativ können die Texte auch in Kleingruppen ausgetauscht und gelesen oder aber im Klassenraum ausgelegt werden.

Reflexion

ca. 10 Minuten

Sprechen Sie mit ihren Schüler*innen über die Arbeit am Klassen-Wiki. Fragen Sie z. B. danach, ob es Schwierigkeiten gab, Informationen zu dem jeweiligen Thema zu finden, oder ob genügend Quellen zur Verfügung standen. Fragen Sie auch nach der Auswertung in den Gruppen, ob es dort Probleme gab.

Mein Artikel für das Klassen-Wiki

....

....
....
....
....
....
....
....
....
....
....
....
....
....
....

Die Angabe meiner Quellen (Woher habe ich diese Informationen?):

....
....
....
....

◎ Aufgaben

1. Schreibe einen Wiki-Artikel zu einem Thema deiner Wahl. Beachte dabei Folgendes:
   - Für das Klassen-Wiki ist es wichtig, dass du ein Thema wählst, mit dem du dich auskennst. Schließlich sollen die Informationen in dem Wiki richtig sein. Falls der Platz nicht ausreicht, kannst du auf der Rückseite des Arbeitsblattes weiterschreiben.
   - Nutze Bücher oder das Internet, um dein Wissen abzusichern. Nenne die Quellen am Ende Textes. Dies können Buchtitel oder Internetadressen sein.
   - Beachte die Rechtschreibung und schreibe ordentlich.
2. Wenn du fertig bist: Gestalte deinen Text bunt und füge Zeichnungen oder Bilder hinzu.

Das Bewertungsraster

Aufgaben

1. Bilde mit zwei deiner Mitschüler und Mitschülerinnen eine 3er-Gruppe. Überprüfe die Texte deiner beiden Gruppenmitglieder mithilfe der Tabelle und nutze zur Bewertung Smileys: ☺ = gut, ☹ = nicht gut.
2. Wie fanden die anderen beiden Gruppenmitglieder deinen Text? Verbessere deinen eigenen Artikel mithilfe des Feedbacks. Schreibe die korrigierte Fassung in dein Heft.

	Text 1	Text 2
Dein Text ist verständlich.		
Deine Schrift ist leserlich.		
Dein Text enthält kaum Schreibfehler.		
Dein Text ist ausführlich genug.		
Dein Text ist inhaltlich richtig.		
Du hast Quellen angegeben, z. B. Bücher oder Internetseiten.		
Das habe ich nicht verstanden:		
Das solltest du verbessern:		

Wir prüfen Internetquellen auf Fake News

Darum geht's

Die Schüler*innen lernen, eine Internetquelle auf Fake News zu überprüfen. Der Ablauf der Stunde zeigt sich wie folgt:
- Erarbeitung von Kriterien für das Erkennen von Fake News
- Erstellung und Präsentation eines Flyers

Zielkompetenzen

Die Schüler*innen
- bewerten einzelne Nachrichten in Hinblick auf ihren Wahrheitsgehalt und begründen ihre Entscheidung,
- schreiben eigene Nachrichten, die entweder falsch oder wahr sind, und
- entwickeln Maßnahmen zur Erkennung von Falschmeldungen.

Material

- Arbeitsblatt „Richtig oder falsch?" (S. 93)
- Arbeitsblatt „Fake News erkennen" (S. 94)
- Materialblatt „Fake News erkennen" (S. 95)

◎ Vorbereitung

Kopieren Sie die Arbeitsblätter sowie das Materialblatt in Klassenstärke.

◎ Stundenverlauf

Einstieg

ca. 5 Minuten

Schreiben Sie zu Beginn der Stunde den Begriff „Fake News" an die Tafel und fordern Sie die Schüler*innen auf, sich zu dem Begriff zu äußern. Leiten Sie anschließend zu der Frage, woran man falsche Nachrichten erkennt, über.

Arbeitsphase 1

ca. 15 Minuten

Teilen Sie das Arbeitsblatt „Richtig oder falsch?" aus. In Partnerarbeit sollen die Schüler*innen die Nachrichten auf dem Arbeitsblatt lesen und bezüglich ihres Wahrheitsgehaltes beurteilten. Anschließend entwickeln sie gemeinsam eigene Nachrichten, die falsch oder wahr sein sollen.

Sicherung und Präsentation 1

ca. 20 Minuten

Sprechen Sie mit den Schüler*innen über die Nachrichten auf dem Arbeitsblatt und lösen Sie diese in Hinblick auf den Wahrheitsgehalt auf (Nachricht 1 und 3 sind falsch). Berücksichtigen Sie hierbei auch die Präsentation eigener (Fake) News. Erklären Sie den Lernenden im Anschluss daran, wie schwierig es ist, falsche Nachrichten von richtigen zu unterscheiden, und fragen Sie die Lernenden, woran sie erkannt haben, dass eine Nachricht falsch ist. Sammeln Sie dies an der Tafel. Mögliche Antworten könnten sein: unrealistische Nachrichten, viele Rechtschreibfehler.

Arbeitsphase 2

ca. 30 Minuten

Teilen Sie das Arbeitsblatt „Fake News erkennen" sowie das Materialblatt aus und lassen Sie dies in Stillarbeit lesen. Klären Sie ggf. offene Fragen. Leiten Sie dann zu den Aufgaben 2 und 3 über, in denen die Schüler*innen mithilfe der Informationen aus dem Text einen Flyer erstellen sollen.

Sicherung und Präsentation 2

ca. 15 Minuten

Die Schüler*innen präsentieren ihre Flyer mit Tipps für das Erkennen von Fake News. Ergänzen Sie abschließend in einem Unterrichtsgespräch fehlende Punkte zur Entlarvung von Fake News an der Tafel. Unbedingt genannt werden sollten: fehlende Autorennennung und fehlendes Erscheinungsjahr bei Artikeln, unseriöses Auftreten der Seite. Wichtig ist auch der Hinweis, Nachrichten mithilfe verschiedener Internetseiten zu prüfen, sowie die Empfehlung, stets mehrere Internetquellen zu recherchieren.

Recherchieren und seriöse Quellen nutzen | **Wir prüfen Internetquellen auf Fake News** | Arbeitsblatt

Richtig oder falsch?

Die Sommerferien sollen ab dem komenden Schuljahr nur noch drei Wochen dauern! Der Grunt: Die Schüler werden immer schwecher in den Fächern Mathematik und Latein.

1996 erblickte in Scotland das erste geklonte Schaf das Licht der Welt. Es hieß Dolly und ist in einem schottischen Labor entstanden. Dolly starb nach 6 Jahren.

Frauen wachsen schneller als Männer: Es wird nicht mehr lange dauern, dann werden sie größer sein als ihre mennlichen Mitmenschen. Männer werden nähmlich seid Jahren nicht mehr größer!

Geschäfte in der Sauna: Die Finnen gehen nicht nur privat gerne in die Sauna, auch während der Arbeitszeit trifft man sie dort an, z. B. um wichtige Verhandlungen zu führen.

◎ Aufgaben

1. Sucht euch eine Partnerin oder einen Partner. Lest die vier Nachrichten und überlegt gemeinsam, ob sie richtig oder falsch sind.
2. Streicht die Nachrichten durch, die eurer Meinung nach nicht stimmen, und begründet eure Entscheidungen. Macht euch dazu Notizen in eure Hefte.
3. Denkt euch gemeinsam drei bis vier Nachrichten aus und schreibt diese in eure Hefte. Entscheidet selbst, ob diese erfunden sind oder der Wahrheit entsprechen. Präsentiert diese anschließend euren Mitschülern und Mitschülerinnen!

Fake News erkennen

Das Internet bietet sehr viele Informationen, jede Menge Texte, Bilder, Tabellen, Videos und Fotos. Häufig ist es viel einfacher, etwas im Internet nachzugucken als in einem Lexikon oder Sachbuch. Man gibt einen Begriff in die Suchmaschine ein und schon hat man Tausende von Ergebnissen.

Doch leider ist nicht alles, was im Internet steht, richtig. Immer wieder gibt es Falschmeldungen (auch „Fake News" oder „Hoax" genannt), die sich blitzschnell über das Internet verbreiten und für jede Menge Verwirrung sorgen. Es ist nämlich nicht immer leicht, den Unterschied zwischen Lüge und Wahrheit zu erkennen.

© chrupka – stock.adobe.com

Doch was kann man dagegen tun? Letztendlich ist es wichtig, dass man sich immer wieder bewusst macht, dass es eine hundertprozentige Sicherheit im Internet nicht geben kann. Dafür ist es zu unübersichtlich, zu groß und zu viele Menschen machen mit. Das heißt, man muss generell vorsichtig sein, wenn man das Internet nutzt, um etwas herauszufinden!

Zusätzlich gibt es viele Tipps und Tricks, mit deren Hilfe man Fake News erkennen kann. So ist es auffällig, wenn ein Artikel im Internet keinen Verfasser oder keine Verfasserin hat. Das heißt, es fehlt eine Nennung des Autors bzw. der Autorin, man weiß also nicht, wer den Text geschrieben hat. Ebenso ist es wichtig, dass man das Erscheinungsjahr des Textes überprüft. Unseriöse Quelle nennen häufig nicht das genaue Erscheinungsdatum.

Ein weiterer Hinweis ist es, wenn die jeweilige Internetseite seltsam oder unprofessionell aussieht. Man sagt dann, dass die Seite unseriös ist, was bedeutet, dass sie unordentlich und unstrukturiert aussieht. Häufig beziehen Fake News auch keine anderen Informationsquellen, wie z. B. andere Texte oder Internetseiten, mit ein. Es fehlen Verlinkungen oder Verweise auf andere Internetseiten. Nicht selten fehlt auch ein Impressum, das bedeutet, man weiß nicht, wer die Internetseite betreibt bzw. wem sie gehört. Hierzu sind die Betreiber der Internetseiten aber per Gesetz verpflichtet.

Als eine weitere Möglichkeit kann man bestimmte Internetseiten besuchen, die sich auf das Offenlegen von Falschmeldungen spezialisiert haben. Sie zeigen aktuelle Falschmeldungen an oder bieten dir die Möglichkeit, die Seite oder die Aussage prüfen zu lassen. Beispiele dafür sind die Hoaxmap (https://hoaxmap.org/) oder http://www.hoaxsearch.com.

Abschließend solltest du auch immer mehrere Internetseiten besuchen, wenn du etwas herausfinden möchtest, um die Informationen zu vergleichen. Auch so kannst du Falschmeldungen entlarven. Selbstverständlich kannst du auch einen Erwachsenen um Hilfe bitten, z. B. deine Eltern oder deine Lehrer und Lehrerinnen.

◎ Aufgaben

1. **Lies den Text aufmerksam und unterstreiche wichtige Passagen im Text.**
2. **Suche dir eine Partnerin oder einen Partner. Tauscht euch mündlich über den Inhalt des Textes aus.**
3. **Erstellt anschließend schriftlich einen Flyer, der dabei helfen soll, Fake News zu erkennen. Nutzt hierzu die Informationen aus dem Text und die Vorlage auf der nächsten Seite.**
4. **Gestaltet euren Flyer bunt.**

Recherchieren und seriöse Quellen nutzen | **Wir prüfen Internetquellen auf Fake News** | Materialblatt

Fake News erkennen

Mögliche Folgen von Fake News

Darum geht's

Die Schüler*innen setzen sich mit Auswirkungen und Folgen von Fake News auseinander. Der Ablauf der Stunde zeigt sich wie folgt:
- Legen eines Mysterys zum Thema „Fake News" und Lösung einer Leitfrage
- Beurteilung des Verhaltens von Internetnutzer*innen und Presse in Bezug auf die Verbreitung von falschen Nachrichten

Zielkompetenzen

Die Schüler*innen
- werden sich der Auswirkungen bewusst, die entstehen können, wenn man unbedarft Bilder oder Kommentare im Internet postet, und
- bewerten das Verhalten der Presse und der Personen, die in sozialen Medien Nachrichten wahllos kommentieren und weiterleiten.

Material

- Arbeitsblatt „Die Folgen einer Falschmeldung im Internet" (S. 98–99)
- Scheren und Kleber für alle Schüler*innen

◎ Vorbereitung

Kopieren Sie das Arbeitsblatt in Klassenstärke und lassen Sie Ihre Schüler*innen Scheren und Kleber bereitlegen.

◎ Stundenverlauf

Einstieg

ca. 10 Minuten

Erklären Sie Ihren Schüler*innen die Mystery-Methode, falls diese nicht bekannt ist. Bei dieser Methode bringen die Schüler*innen unsortierte Informationen zu einem Fallbeispiel in eine sinnvolle Reihenfolge und lösen eine rätselhafte Leitfrage.

Arbeitsphase 1

ca. 20 Minuten

Teilen Sie das Arbeitsblatt aus und bitten Sie die Schüler*innen, die Aufgabe 1 und 2 zu bearbeiten. Achten Sie darauf, dass die Lernenden das Mystery in Einzelarbeit durchführen und sich erst im Anschluss in Partnerarbeit über die korrekte Abfolge der Kärtchen und die Lösung der Leitfrage austauschen. Ebenso sollen die Schüler*innen die Kärtchen zunächst nur ausschneiden, das Aufkleben erfolgt nach der Sicherung.

Sicherung 1

ca. 15 Minuten

Legen Sie zusammen mit den Lernenden die richtige Reihenfolge der Kärtchen fest und sprechen Sie mit ihnen über die Lösung der Leitfrage, nämlich dass die Queen verärgert ist, weil sie gezwungen ist, sich zu einer Falschmeldung zu äußern. Sprechen Sie auch darüber, dass Valentin durch sein Verhalten aus Versehen eine Lawine ins Rollen gebracht hat, die er nicht mehr aufhalten konnte. Bitten Sie abschließend Ihre Schüler*innen, die Kärtchen in ihr Heft zu kleben.

Arbeitsphase 2

ca. 25 Minuten

Bitten Sie die Schüler*innen, sich in Partnerarbeit zunächst über die Fragen der Aufgaben 3 und 4 auszutauschen und dann die gemeinsamen Ergebnisse schriftlich festzuhalten.

Sicherung 2 und Reflexion

ca. 20 Minuten

Sichern Sie die Ergebnisse in einem Unterrichtsgespräch, in dem den Schüler*innen bewusst wird, dass sowohl die schlechte Recherche des Journalisten als auch die vielen Kommentare der Nutzer*innen in sozialen Netzwerken und das wahllose Weiterverbreiten der Nachricht dazu geführt haben, dass Valentins Foto für viel Ärger gesorgt hat. Verdeutlichen Sie ihnen, dass im Internet große Vorsicht geboten ist, wenn es um das Veröffentlichen, Teilen und Kommentieren von Bildern und Meinungsäußerungen geht.

Recherchieren und seriöse Quellen nutzen | Mögliche Folgen von Fake News | Lehrerhinweise

Lösung des Mysterys

1. Valentin besucht mit seinen vier Hunden die Stadt London. Er möchte auch den Buckingham-Palast, den Sitz der Queen, besuchen, da er ein großer Fan des britischen Königshauses ist.	2. Valentin steht mit seinen vier Hunden in der Schlange vor dem Palast. Es ist sehr warm und die Schlange ist sehr lang. Valentin ist genervt. Er wartet bereits seit zwei Stunden.
3. Am Eingang wird Valentin nicht in den Palast gelassen, da seine vier Hunde den Palast nicht betreten dürfen. Valentin ist sauer. Er hat vier Stunden vergeblich gewartet und erst jetzt erfahren, dass der Zutritt für Hunde verboten ist.	4. Valentin ist so wütend, dass er ein Foto von seinen vier Hunden am Eingang des Palastes macht und es auf Facebook und Instagram postet. Dazu schreibt er: „Die Queen von England hasst Hunde! Ich musste vier Stunden warten und durfte nicht in den Buckingham-Palast!"
5. Seine Klassenkameradinnen und -kameraden sehen das Bild im Internet. Sie liken und teilen es. Schnell verbreitet sich das Bild von Valentin und seinen Hunden in den sozialen Netzwerken, auch weil die vier Hunde so niedlich aussehen.	6. Der Reporter Max Windei arbeitet für eine große Zeitung in Deutschland. Er findet das Bild von Valentin im Internet und schreibt einen Artikel über die Situation vor dem Palast der Queen mit der Überschrift: „Die Queen von England hasst Hunde". Er berichtet davon, dass ein armer Junge nicht in das Gebäude durfte, da er deutsche Hunde mithatte.
7. Valentin liest keine Zeitung, daher bekommt er nicht mit, dass sein Foto auf der Seite 5 in einer großen Zeitung erschienen ist. Aber er freut sich, dass sein Bild in den sozialen Netzwerken sehr beliebt ist.	8. Mittlerweile kursiert der Artikel von Max Windei auch im Internet. Es gibt immer mehr Kommentare und Meinungsäußerungen. Die Wut auf die Besucherregeln für den Königspalast in den sozialen Medien wächst mehr und mehr. Der Queen wird immer häufiger vorgeworfen, dass sie Hunde und insbesondere deutsche Hunde hasse.
9. Ein Shitstorm bricht im Internet über die Queen von England aus. Sie sei eine Tierhasserin!	10. Eine Berliner Zeitung findet den Text von Max Windei und recherchiert zu dem Thema. Sie kontaktiert Valentins Eltern. Diese berichten von dem Besuch in London und dem vergeblichen Versuch, den Buckingham-Palast zu besuchen. Von dem Foto im Internet und dem Bericht in der Zeitung wussten sie bisher nichts.
11. Valentins Eltern stellen Valentin zur Rede. Gemeinsam mit seinen Eltern nimmt er das Bild aus dem Netz, muss aber feststellen, dass es sich schon über andere Plattformen verteilt hat. Valentin und seine Familie sind erschrocken, was das Foto im Internet angerichtet hat.	12. Die Queen sieht sich wegen der schnellen Verbreitung des Bildes und des Shitstorms zu einer Stellungnahme genötigt. „Sie habe nichts gegen Hunde, aber man könne schließlich nicht jedes Tier in den Palast lassen", lässt sie verlauten.
13. Die Berliner Zeitung schreibt nun auch einen Artikel und erklärt darin, was wirklich passiert ist und dass die Queen nichts gegen deutsche Hunde hat.	

Die Folgen einer Falschmeldung im Internet (1/2)

◎ **Warum verärgert Valentins Foto mit den vier Hunden die Queen von England?**

Der Reporter Max Windei arbeitet für eine große Zeitung in Deutschland. Er findet das Bild von Valentin im Internet und schreibt einen Artikel über die Situation vor dem Palast der Queen mit der Überschrift: „Die Queen von England hasst Hunde". Er berichtet davon, dass ein armer Junge nicht in das Gebäude durfte, da er deutsche Hunde mithatte.

Seine Klassenkameradinnen und -kameraden sehen das Bild im Internet. Sie liken und teilen es. Schnell verbreitet sich das Bild von Valentin und seinen Hunden in den sozialen Netzwerken, auch weil die vier Hunde so niedlich aussehen.

Eine Berliner Zeitung findet den Text von Max Windei und recherchiert zu dem Thema. Sie kontaktiert Valentins Eltern. Diese berichten von dem Besuch in London und dem vergeblichen Versuch, den Buckingham-Palast zu besuchen. Von dem Foto im Internet und dem Bericht in der Zeitung wussten sie bisher nichts.

Valentin ist so wütend, dass er ein Foto von seinen vier Hunden am Eingang des Palastes macht und es auf Facebook und Instagram postet. Dazu schreibt er: „Die Queen von England hasst Hunde! Ich musste vier Stunden warten und durfte nicht in den Buckingham-Palast!"

Valentin steht mit seinen vier Hunden in der Schlange vor dem Palast. Es ist sehr warm und die Schlange ist sehr lang. Valentin ist genervt. Er wartet bereits seit zwei Stunden.

Valentin besucht mit seinen vier Hunden die Stadt London. Er möchte auch den Buckingham-Palast, den Sitz der Queen, besuchen, da er ein großer Fan des britischen Königshauses ist.

Valentin liest keine Zeitung, daher bekommt er nicht mit, dass sein Foto auf der Seite 5 in einer großen Zeitung erschienen ist. Aber er freut sich, dass sein Bild in den sozialen Netzwerken sehr beliebt ist.

Mittlerweile kursiert der Artikel von Max Windei auch im Internet. Es gibt immer mehr Kommentare und Meinungsäußerungen. Die Wut auf die Besucherregeln für den Königspalast in den sozialen Medien wächst mehr und mehr. Der Queen wird immer häufiger vorgeworfen, dass sie Hunde und insbesondere deutsche Hunde hasse.

Die Folgen einer Falschmeldung im Internet (2/2)

Die Berliner Zeitung schreibt nun auch einen Artikel und erklärt darin, was wirklich passiert ist und dass die Queen nichts gegen deutsche Hunde hat.

Am Eingang wird Valentin nicht in den Palast gelassen, da seine vier Hunde den Palast nicht betreten dürfen. Valentin ist sauer. Er hat vier Stunden vergeblich gewartet und erst jetzt erfahren, dass der Zutritt für Hunde verboten ist.

Valentins Eltern stellen Valentin zur Rede. Gemeinsam mit seinen Eltern nimmt er das Bild aus dem Netz, muss aber feststellen, dass es sich schon über andere Plattformen verteilt hat. Valentin und seine Familie sind erschrocken, was das Foto im Internet angerichtet hat.

Die Queen sieht sich wegen der schnellen Verbreitung des Bildes und des Shitstorms zu einer Stellungnahme genötigt. „Sie habe nichts gegen Hunde, aber man könne schließlich nicht jedes Tier in den Palast lassen", lässt sie verlauten.

Ein Shitstorm bricht im Internet über die Queen von England aus. Sie sei eine Tierhasserin!

◎ Aufgaben

1. Lies die Kärtchen aufmerksam. Schneide sie anschließend aus und bringe sie in eine logische Reihenfolge.
2. Tausche dich mit deiner Nachbarin oder deinem Nachbarn über die Reihenfolge der Kärtchen aus und löst die Frage, warum die Queen von England verärgert über die falsche Nachricht ist, dass sie Tiere hasst. Schreibt die Lösung in vier Sätzen in euer Heft.
3. Bewertet zu zweit das Verhalten der Personen, die das Bild von Valentin in den sozialen Netzwerken kommentiert und geteilt haben, ohne zu prüfen, ob das, was sie teilen und liken, wirklich stimmt. Worin besteht die Gefahr eines solchen Verhaltens? Schreibt die Antworten in euer Heft.
4. Bewertet das Verhalten des Reporters Max Windei. Wie findet ihr es, dass er eine Nachricht in der Zeitung veröffentlicht, die nicht stimmt? Stellt auch Vermutungen auf, warum er dies getan hat. Schreibt die Antworten in euer Heft.
5. Valentin tut dies unendlich leid. Er beschließt, einen Brief an die Queen von England zu schreiben, um die Sache aufzuklären. Schreibe diesen Brief allein oder gemeinsam mit deiner Partnerin oder deinem Partner in dein Heft.

Medien nutzen

Wir schreiben eine E-Mail

Darum geht's

Die Schüler*innen lernen den Aufbau einer E-Mail kennen und welche Regeln sowie Besonderheiten beim Schreiben einer E-Mail gelten. Der Ablauf der Stunde zeigt sich wie folgt:

- Lesen allgemeiner Informationen über E-Mails
- Schreiben eigener E-Mails mit unterschiedlichem Kontext
- Präsentation der Arbeitsergebnisse

Zielkompetenzen

Die Schüler*innen

- lernen Grundlegendes über E-Mails kennen, z.B. was der Unterschied zwischen Bcc und Cc ist,
- überprüfen ihr Wissen, indem sie ein Quiz durchführen, und
- wenden das Gelernte an, indem sie zwei unterschiedliche E-Mails schreiben.

Material

- Arbeitsblatt „Allgemeine Informationen zur E-Mail" (S. 103–104)
- Arbeitsblatt „Wir schreiben E-Mails" (S. 105)

◎ Vorbereitung

Kopieren Sie die Arbeitsblätter in Klassenstärke.

◎ Stundenverlauf

Einstieg

ca. 5 Minuten

Sprechen Sie mit Ihren Schüler*innen zu Beginn der Stunde über Erfahrungen in Bezug auf E-Mails. Mögliche Fragen könnten sein: „Wer hat schon einmal eine E-Mail geschrieben?" oder „Wer hat bereits eine E-Mail-Adresse?"

Arbeitsphase 1

ca. 30 Minuten

Teilen Sie das Arbeitsblatt „Allgemeine Informationen zur E-Mail" aus. Bitten Sie Ihre Schüler*innen, in Einzelarbeit die Texte zu lesen und zu bearbeiten (Aufgabe 1). Klären Sie ggf. offene Fragen. Im Anschluss daran sollen die Lernenden das Quiz schriftlich in ihrem Heft beantworten (Aufgabe 2).

Sicherung 1

ca. 10 Minuten

Sichern Sie in einem Unterrichtsgespräch die Quiz-Ergebnisse. Achten Sie hier besonders auf die Unterscheidung zwischen Bcc und Cc, die den Schüler*innen schwerfallen kann.

Arbeitsphase 2

ca. 30 Minuten

Bitten Sie Ihre Schüler*innen, in Einzelarbeit das Gelernte an beispielhaften und fiktiven E-Mails zu überprüfen. Teilen Sie das Arbeitsblatt „Wir schreiben E-Mails" aus und lassen Sie sie die Aufgabe bearbeiten. Achten Sie darauf, dass die Schüler*innen zeitlich einplanen, zwei E-Mails schreiben zu müssen.

Sicherung 2

ca. 15 Minuten

Sichern Sie die Ergebnisse in einem Unterrichtsgespräch und bitten Sie einzelne Schüler*innen, ihre E-Mails vorzulesen. Achten Sie insbesondere darauf, dass der Betreff richtig gewählt wurde und dass Anrede und Verabschiedung passend sind (Briefbeispiel 1: eher informell, Briefbeispiel 2: eher formell mit entsprechender Anrede und Verabschiedung).

> **Tipp**
> Diese Unterrichtsstunde ist so konzipiert, dass keine eigene E-Mail-Adresse notwendig ist. Selbstverständlich kann auf richtige E-Mail-Konten zugegriffen werden, z.B. dann, wenn eine Schul-E-Mail zur Verfügung steht. Alternativ gibt es das Angebot https://www.mailkids.de/ – ein werbefreier E-Mail-Simulator für Kinder und Jugendliche. Allerdings ist dieser kostenpflichtig.

Allgemeine Informationen zur E-Mail (1/2)

◎ Die E-Mail – elektronische Nachrichten

„Ich muss nur kurz meine Mails checken", vielleicht hast du diesen Satz schon einmal von deinen Eltern gehört. Oder du hast bereits eine eigene E-Mail-Adresse und kontrollierst diese regelmäßig auf neue Nachrichten. In jedem Fall ist es so: E-Mails sind praktisch. Man kann sie schnell versenden, man benötigt keine Briefmarken, muss nicht zum Briefkasten laufen und in der Regel bekommt man sehr schnell eine Antwort.
Aber natürlich gibt es auch Probleme mit der elektronischen Post. Manche Postfächer werden mit unsinnigen Werbe-E-Mails überflutet, sogenannten Spamnachrichten. Außerdem gelten auch für E-Mails bestimmte Regeln, die man einhalten sollte!

1. Das E-Mail-Postfach
Es gibt mehrere Möglichkeiten, sich eine E-Mail-Adresse einzurichten. Es gibt kostenlose Anbieter, die sich durch Werbung finanzieren, und es gibt kostenpflichtige Anbieter, für die man Geld bezahlen muss. Die kostenpflichtigen E-Mails haben in der Regel bessere Filter. Das heißt, du bekommst weniger Spam. Lasse dich hier von deinen Eltern oder Lehrerinnen und Lehrern beraten, welcher Anbieter für dich der richtige ist, falls du noch keine eigene E-Mail-Adresse hast. Für dein E-Mail-Postfach brauchst du außerdem ein sicheres Passwort, damit nicht jede und jeder deine Post lesen kann. Verwende am besten eine Kombination aus Buchstaben, Zahlen und Sonderzeichen, z. B. Es38gT%n=.

2. Die E-Mail-Adresse
Eine E-Mail-Adresse besteht aus mehreren Teilen. Hier ein Beispiel: valentindiemaus@maus-schule.de. Der erste Teil ist der Benutzername, er wird durch das @-Zeichen vom Namen des E-Mail-Anbieters getrennt. Der Anbieter ist in diesem Fall Valentins Schule. Valentins Vater hat hingegen folgende E-Mail-Adresse: petermaus@kaesefabrik-maus.de Hier ist der Anbieter die „Käsefabrik Maus" und da in E-Mail-Adressen in der Regel keine Umlaute (ä, ö oder ü) verwendet werden, heißt es eben k**ae**sefabrik.

◎ Der Aufbau einer E-Mail

Wenn du eine E-Mail schreiben möchtest, benötigst du zunächst die E-Mail-Adresse von der Person, an die du schreiben möchtest, also die Empfängerin oder den Empfänger. Wichtig ist außerdem der Betreff. Hierzu gibt es eine spezielle Zeile, die Betreffzeile. Es ist eine Art Überschrift für deine E-Mail, die der Empfängerin oder dem Empfänger helfen soll, zu verstehen, worum es in deiner Mail geht. Außerdem hast du die Möglichkeit, einen Anhang mitzuschicken. Das kann ein Dokument, ein Foto oder eine Grafik sein.

Medien nutzen | **Wir schreiben eine E-Mail** | Arbeitsblatt

Allgemeine Informationen zur E-Mail (2/2)

1. Die Abkürzungen Bcc und Cc

Du kannst eine E-Mail an mehrere Personen schicken. Die E-Mail-Adressen müssen dann durch ein Komma oder ein Semikolon getrennt werden. Zusätzlich kannst du festlegen, ob die E-Mail-Adressen der anderen Personen sichtbar sein sollen oder nicht. Möchtest du, dass alle Empfängerinnen und Empfänger alle E-Mail-Adressen sehen, wählst du **Cc** aus (Carbon Copy). Möchtest du, dass die E-Mail-Adressen der anderen Empfänger und Empfängerinnen verborgen bleiben, dann wähle **Bcc** (Blind Carbon Copy) aus. Die Blindkopie empfiehlt sich immer dann, wenn sich die Personen nicht gut kennen, denn nicht jede und jeder möchte ihre bzw. seine E-Mail-Adresse weitergeben. Im Zweifelsfall ist es daher besser, sich für die Blindkopie zu entscheiden – also für Bcc.

2. Der Inhalt einer E-Mail

Eine E-Mail beginnt, genau wie ein Brief, mit einer Begrüßung, also der Anrede. Falls du einem Freund oder einer Freundin schreibst, reicht eine Anrede wie „Hallo Valentin!". Bei einer förmlichen E-Mail nutzt du besser eine förmliche Anrede, wie „Sehr geehrter Herr Maus,". Setze danach einen Absatz (↵) und schreibe dann den Inhalt deiner elektronischen Post. Setze dann wieder einen Absatz und vergiss die Grußformel nicht. Auch hier wird zwischen einer förmlichen Grußformel, wie „Mit freundlichen Grüßen", und einer eher freundschaftlichen Grußformel, wie „Bis bald!" unterschieden.

◎ Das E-Mail Quiz

1. Nenne zwei Vorteile, die eine E-Mail gegenüber einem Brief hat.
2. Was ist Spam und wie kann man sich vor Spam schützen?
3. Aus welchen zwei Teilen besteht eine E-Mail-Adresse?
4. Erkläre den Begriff „Anhang".
5. Peter kann heute Abend nicht zum Fußballtraining kommen. Er schreibt seinem Trainer eine E-Mail. Welchen Betreff sollte er wählen? Nenne zwei Möglichkeiten.
6. Eine E-Mail sollte inhaltlich aus den drei Bereichen: Anrede, ... und .... bestehen.
7. Erkläre den Unterschied zwischen Bcc und Cc.

◎ Aufgaben

1. **Lies die Texte auf dem Arbeitsblatt und unterstreiche wichtige Passagen.**
2. **Überprüfe nun dein Wissen mithilfe des Testes. Beginne erst mit dem Test, wenn du den Text vollständig gelesen und verstanden hast. Schreibe die Antworten in dein Heft.**
3. ★ **Denke dir zwei Quizfragen aus, die du deinen Mitschülern und Mitschülerinnen stellen kannst und die sich mit dem Thema „E-Mail" befassen. Schreibe sie in dein Heft.**

Medien nutzen | **Wir schreiben eine E-Mail** | Arbeitsblatt

Wir schreiben E-Mails

◎ E-Mail an die Klassenkameradin oder den Klassenkameraden

Thema 1: Schreibe eine E-Mail an einen Klassenkameraden oder -kamaradin und berichte von deinem letzten Urlaub oder deinem Traumreiseziel. Achte auf den Betreff, sowie auf die Anrede und die Grußformel.

An:	
Betreff:	

◎ E-Mail an den Schuldirektor oder die Schuldirektorin

Thema 2: Schreibe eine E-Mail an deinen Schuldirektor oder deine Schuldirektorin mit der Bitte, das Klassengrillfest am kommenden Samstag auf dem Schulhof zu erlauben. Es nehmen Eltern und eure Klasse daran teil. Das Grillfest findet von 14 Uhr bis 19 Uhr statt.

An:	
Betreff:	

◎ Aufgabe

Du findest auf dieser Seite zwei leere E-Mailbögen. Beachte das Thema und fülle die beiden E-Mails mit Inhalt.

Wir gestalten Texte mit dem Computer

Darum geht's

Die Schüler*innen lernen, mit einem Textverarbeitungsprogramm Texte einzugeben und zu gestalten. Der Ablauf der Stunde zeigt sich wie folgt:
- Lesen von Tipps zum Erstellen von Texten
- Bearbeitung verschiedener Aufgaben zur Textgestaltung
- Präsentation und Reflexion der Arbeitsergebnisse

Zielkompetenzen

Die Schüler*innen
- lernen grundlegende Eingabefunktionen eines Textverarbeitungsprogrammes kennen,
- nutzen ein Textverarbeitungsprogramm, indem sie damit ein Kochrezept, ein Antwortschreiben und ein Plakat erstellen und gestalten und
- bewerten die Vorteile eines Textverarbeitungsprogramms

Material

- Arbeitsblatt „Wie gestalte ich Texte mit dem Computer?" (S. 107)
- Arbeitsblatt „Wir schreiben und gestalten Texte am Computer" (S. 108)
- PCs oder Tablets mit einem Textverarbeitungsprogramm

◎ Vorbereitung

Kopieren Sie die Arbeitsblätter in Klassenstärke und gehen Sie in den Computerraum oder teilen Sie – falls vorhanden – die Tablets aus.

◎ Stundenverlauf

Einstieg

ca. 5 Minuten

Geben Sie Ihren Schüler*innen einen kurzen Überblick über den Ablauf der Doppelstunde und zeigen Sie ihnen ggf., wo auf dem PC oder Tablet sich das Textverarbeitungsprogramm befindet.

Arbeitsphase 1

ca. 15 Minuten

Teilen Sie das Arbeitsblatt „Wie gestalte ich Texte mit dem Computer?" aus und legen Sie das zweite Arbeitsblatt „Wir schreiben und gestalten Texte am Computer" aus. Bitten Sie ihre Schüler*innen, das ausgeteilte Arbeitsblatt zu lesen (Aufgabe 1), und klären Sie ggf. offene Fragen. Erst dann dürfen sie sich das zweite Arbeitsblatt abholen und mit den Aufgaben beginnen.
Beachten Sie, dass es vermutlich Kinder geben wird, die diese Funktionen bereits kennen und nicht viel Zeit für das Lesen benötigen. Es wird aber ebenso Kinder geben, denen ein Textverarbeitungsprogramm unbekannt ist. Wenn das Arbeitsblatt „Wir schreiben und gestalten Texte am Computer" bereitliegt, können die Lernenden in ihrem eigenen Lerntempo weiterarbeiten.

Arbeitsphase 2

ca. 50 Minuten

Die Schüler*innen bearbeiten in Einzelarbeit und mithilfe des Textverarbeitungsprogramms die Aufgaben auf dem zweiten Arbeitsblatt. Sollten nicht genügend Computer zur Verfügung stehen, können die Aufgaben auch in Partnerarbeit gelöst werden.

Präsentation und Reflexion

ca. 20 Minuten

Je nach Ausstattung können Ergebnisse ausgedruckt und in Kleingruppen präsentiert werden. Alternativ können besonders gelungene Dokumente abgespeichert und z. B. mithilfe des Whiteboards gezeigt werden.
Reflektieren Sie mit Ihren Schüler*innen abschließend den Nutzen, Texte elektronisch zu erstellen. Mögliche Impulsfragen könnten sein:
- *Warum gestaltet man Texte nicht mehr handschriftlich und welche Vorteile hat das?*
- *Welchen Vorteil seht ihr darin, mit einem Textverarbeitungsprogramm umgehen zu können?*

Medien nutzen | **Wir gestalten Texte mit dem Computer** | Arbeitsblatt

Wie gestalte ich Texte mit dem Computer?

Es gibt mehrere Textverarbeitungsprogramme, mit denen du Texte auf deinem Computer schreiben und gestalten kannst, z. B. das Programm **Microsoft Word** oder **Open Office**. Diese Programme unterscheiden sich vom Aufbau und von der Handhabung, dennoch gibt es einige Grundfunktionen, die in der Regel vorhanden sind und die man sich zunutze machen kann, wenn man einen Text am Computer erstellen möchte.

1) Schrift, Schriftgröße und Schriftfarbe

Hier kannst du Schriften für deinen Text auswählen.

Hier kannst du die Größe deiner Schrift einstellen.

Hier kannst du die Farbe deiner Schrift auswählen.

2) Schriftausrichtung und Schriftart

Hier entscheidest du, ob dein Text rechtsbündig, linksbündig oder mittig dargestellt werden soll. Probiere es einfach mal aus!

Hier kannst du auswählen, ob dein Text oder ein Teil deines Textes **fett** gedruckt, *kursiv* (also schief) oder unterstrichen erscheint.

3) Einfügen von Formen, Tabellen und Bildern

Hier kannst du Formen und Zeichen auswählen und in diese hineinschreiben.

Hier kannst du Bilder einfügen, die dein Textverarbeitungsprogramm dir zur Verfügung stellt oder die du selbst auf deinem Gerät gespeichert hast.

Hier kannst du Tabellen einfügen.

4) Rückgängig machen

Das ist die vermutlich wichtigste Funktion: Hiermit kannst du deine letzten Bearbeitungen rückgängig machen. Probiere es aus!

◎ Aufgabe

Lies dir dieses Arbeitsblatt in Ruhe durch. Du findest hilfreiche Tipps, wie man mit einem Textverarbeitungsprogramm Texte erstellen und gestalten kann. Beginne erst danach mit den Aufgaben auf dem zweiten Arbeitsblatt.

Medien nutzen | **Wir gestalten Texte mit dem Computer** | Arbeitsblatt

Wir schreiben und gestalten Texte am Computer

◎ Aufgaben

1. **Gestalte das Kochrezept bunt und mit verschiedenen Schriftarten. Schaffst du es auch, ein Bild einzufügen? Vielleicht von einer Bratpfanne oder einer Kochmütze?**

   Valentin kennt ein leckeres Kochrezept für Pfannkuchen mit Käse. **Für vier Personen** benötigt man **150 g Mehl, 250 ml Milch, 2 Eier in der Größe M, ein wenig Salz, Butter für die Pfanne** und **100 g geriebenen Gouda**. Da seine Mutter immer wieder einzelne Zutaten vergisst, möchte Valentin das Rezept am Computer gestalten und ausdrucken. Hilf Valentin und schreibe das Rezept in das Programm. Vergiss deine Überschrift nicht!

2. **Schreibe Cindy einen Antwortbrief. Erzähle von dir, deiner Familie und deinen Hobbys. Gestalte den Text bunt und füge Bilder und Formen ein.**

   Cindy aus New York hat dir folgenden Brief geschrieben:

   > Hallo,
   >
   > mein Name ist Cindy und ich lebe mit meiner Familie in New York (USA). Mein Vater ist Rechtsanwalt und meine Mutter arbeitet in einem Restaurant. In meiner Freizeit treffe ich mich mit meinen Freundinnen, wir gehen dann häufig in den Central Park und genießen das viele Grün. Ich jobbe auch und trage Zeitungen aus.
   > Das ist auch dringend nötig, denn New York ist ganz schön teuer.
   >
   >   Bis Bald!
   >   Cindy

   © wetzkaz – stock.adobe.com

3. **Erstelle ein Werbeplakat oder ein Einladungsschreiben für das erste Fußballspiel von Valentin. Du benötigst folgende Informationen:**

   Der Fußballverein 1. FC Maus hat eine neue Fußballmannschaft gegründet. Sie hat am kommenden Samstag um 15 Uhr ihr erstes Spiel gegen die Mannschaft 1. FC Maushausen. Es handelt sich um ein Heimspiel des 1. FC Maus auf dem Kunstrasenplatz in der Nussbaumstraße 1 in Maushausen. Es gibt Würstchen und Käse.

4. ★ **Arbeite mit der Funktion „Formen". Nutze unterschiedliche Formen und erstelle ein kleines Bild mit einem Haus, einer Sonne, einem Strichmännchen und einem Auto.**

Wir gestalten unseren Stundenplan am PC

Darum geht's

Die Schüler*innen lernen, mit der Tabellenfunktion eines Textverarbeitungsprogramms zu arbeiten. Der Ablauf der Stunde zeigt sich wie folgt:
- Erstellung eines Stundenplanes mithilfe eines Textverarbeitungsprogramms
- Präsentation der Arbeitsergebnisse
- Unterrichtsgespräch über die Erfahrung, mit einem Textverarbeitungsprogramm zu arbeiten

Zielkompetenzen

Die Schüler*innen
- arbeiten mit der Tabellenfunktion eines Textverarbeitungsprogramms und
- nutzen unterschiedliche Möglichkeiten der Gestaltung eines Textverarbeitungsprogramms, z. B. Farben, Schriften oder Clip Arts.

Material

- Arbeitsblatt „Wie gestalte ich Texte mit dem Computer?" (S. 107)
- Arbeitsblatt „Wir erstellen unseren Stundenplan am Computer" (S. 111)
- PCs oder Tablets mit einem Textverarbeitungsprogramm

◎ Vorbereitung

Kopieren Sie die Arbeitsblätter in Klassenstärke und gehen Sie in den Computerraum oder teilen Sie – falls vorhanden – die Tablets aus.

◎ Stundenverlauf

Einstieg

ca. 5 Minuten

Geben Sie Ihren Schüler*innen einen kurzen Überblick über den Ablauf der Doppelstunde und zeigen Sie ihnen ggf., wo auf dem PC oder Tablet sich das jeweilige Textverarbeitungsprogramm befindet. Zusätzlich können Sie ihnen einen fertig erstellten Stundenplan zeigen (siehe Musterstundenplan). Das erhöht die Motivation.

Arbeitsphase 1

ca. 15 Minuten

Teilen Sie das Arbeitsblatt „Wie gestalte ich Texte mit dem Computer – Tipps und Tricks" aus und bitten Sie Ihre Lernenden, dieses zu lesen. Erst dann dürfen sie das Textverarbeitungsprogramm öffnen und mit dem eigentlichen Aufgabenblatt beginnen. Achten Sie darauf, dass die Dokumente in die Ausrichtung „Querformat" umgestellt werden (für Microsoft Office 365: Layout → Ausrichtung → Querformat). Je nach Textverarbeitungsprogramm können die genauen Bezeichnungen für die Umstellung auf ein Querformat natürlich variieren, es ist daher ratsam, sich zuvor einmal mit dem vorhandenen Textverarbeitungsprogramm vertraut zu machen.

Arbeitsphase 2

ca. 60 Minuten

Die Schüler*innen bearbeiten in Einzelarbeit und mithilfe des zur Verfügung stehenden Textverarbeitungsprogramms die Aufgaben auf dem Arbeitsblatt „Wir erstellen unseren Stundenplan am Computer". In der Regel haben Schüler*innen viel Freude an der farblichen Gestaltung und vernachlässigen inhaltliche Aspekte. Achten Sie daher darauf, dass die Schüler*innen nicht nur auf die Gestaltung des Stundenplanes konzentrieren, sondern auch den Inhalt im Blick haben. Falls nicht genug PCs oder Tablets für die Einzelarbeit zur Verfügung stehen, können die Aufgaben auch in Partnerarbeit gelöst werden.

Reflexion

ca. 10 Minuten

Es ist sinnvoll, die Stundenpläne auszudrucken, sodass die Schüler*innen ihr Ergebnis in den Händen halten. Zusätzlich empfiehlt sich ein Unterrichtsgespräch, in dem die Schüler über ihre Erfahrungen bei der Erstellung und Gestaltung berichten. Sprechen Sie abschließend auch darüber, welche Vorteile ein digitaler Stundenplan gegenüber einem manuellen hat, z. B. das Versenden an mehrere Personen oder die schnelle Korrektur bei Veränderungen.

Medien nutzen | Wir gestalten unseren Stundenplan am PC | Lehrerhinweise

Tipp: Open Office
Sollten Sie nicht über das Textverarbeitungsprogramm Microsoft Word, sondern über Open Office verfügen, dann richten Sie ein Dokument folgendermaßen als Querformat ein: Sie klicken in der Menüleiste den Reiter „Format" an und wählen dort den Punkt „Seite" aus. Anschließend öffnet sich ein Fenster mit verschiedenen Reitern. Dort klicken Sie wiederum auf den Reiter „Seite" und können dann unter dem Punkt „Ausrichtung" auswählen, dass das Dokument als Querformat eingestellt wird.

Tabellen legen Sie wie folgt an: Klicken Sie in der Menüleiste auf den Reiter „Tabelle" und wählen Sie anschließend „Einfügen" und dann „Tabelle" aus. Nun öffnet sich ein Fenster, mithilfe dessen man der Tabelle einen Namen geben kann (z. B. „Stundenplan"). Dort kann man auch die Anzahl der Spalten und der Zeilen auswählen. Für die Erstellung eines Stundenplans brauchen Sie insgesamt sechs Spalten und je nach Anzahl der Unterrichtsstunden und dazugehörigen Pausen eine gewisse Anzahl an Zeilen (siehe dazu auch Musterstundenplan).

Musterstundenplan

Zeit	Mo	Di	Mi	Do	Fr
8.00–8.45	Deutsch	Mathe	Sport	Englisch	Reli
8.45–8.55	Pause	Pause	Pause	Pause	Pause
8.55–9.30	Deutsch	Geschichte	Sport	Physik	Englisch

Medien nutzen | **Wir gestalten unseren Stundenplan am PC** | Arbeitsblatt

Wir erstellen unseren Stundenplan am Computer

◎ Aufgaben

1. Erstelle mithilfe des Textverarbeitungsprogramms deinen aktuellen Stundenplan am Computer.
   a) Bringe dein Dokument zunächst ins Querformat, damit du genügend Platz hast. In der Regel findest du im Menü die Registerkarte „Layout". Unter dem Punkt „Ausrichtung" kannst du das Dokument dann auf Querformat umstellen.

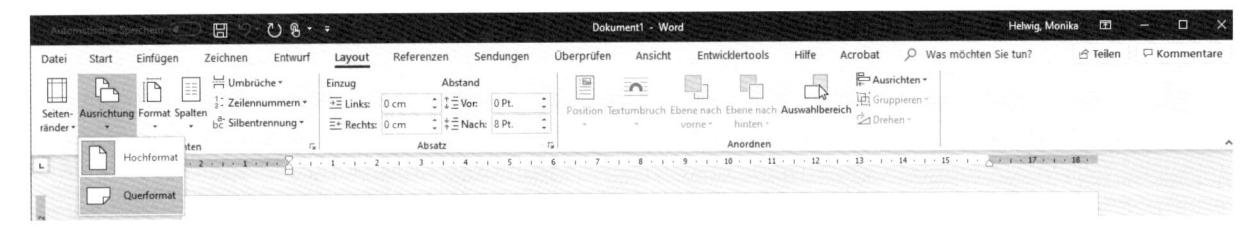

   b) Nutze nun die Tabellenfunktion und füge eine Tabelle ein. Achte darauf, dass du ausreichend Spalten und Zeilen hast. Denk daran: Du brauchst für jeden Tag und für die Übersicht der Zeiten je eine Spalte ↓ (senkrecht). Die Anzahl der Zeilen → (waagrecht) ist identisch mit der Anzahl deiner Stunden und Pausen.

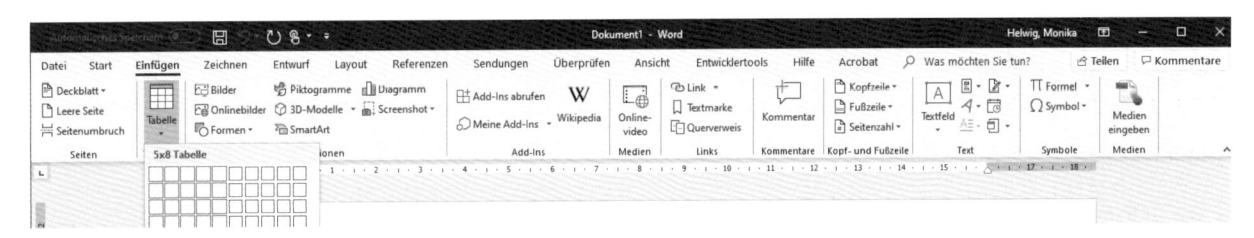

   c) Füge nun die jeweiligen Uhrzeiten deiner Stunden ein. Vergiss die Pausen nicht.
   d) Schaffst du es, deinen Stundenplan bunt zu gestalten? Nutze hierzu unterschiedliche Farben, aber auch Schriftarten. Bedenke auch, dass du die Schriftgröße verändern kannst.

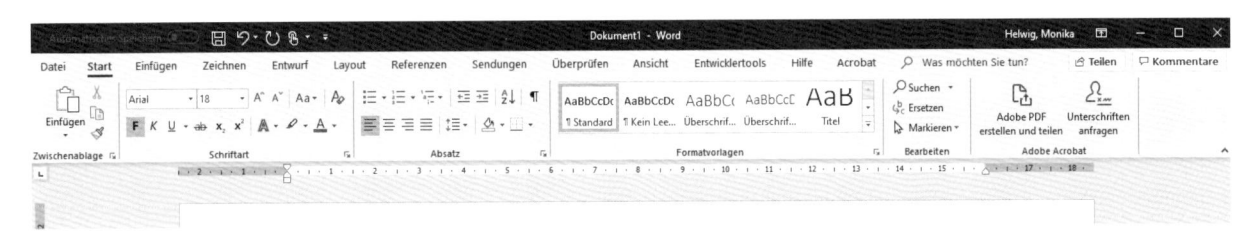

2. Füge Clip Arts, Formen oder Bilder ein. Beachte allerdings, dass du diese mit der Maus verkleinern musst. Schaffst du es auch, eine Überschrift einzufügen?
3. ★ Erstelle eine Klassengeburtstagsliste. Nutze die Spalten für die Monate und die Zeilen für die einzelnen Tage. Achte auch hier darauf, dass du ein Querformat wählst, damit du genug Platz hast.

Wir gestalten eine PowerPoint-Präsentation

Darum geht's

Die Schüler*innen lernen, mit dem Programm PowerPoint zu arbeiten. Der Ablauf der Stunde zeigt sich wie folgt:
- Erstellen einer Präsentation mit PowerPoint
- Einüben und Halten eines Vortrages
- Erarbeiten von Kriterien für eine gelungene Präsentation und einen guten Vortrag

Zielkompetenzen

Die Schüler*innen
- lernen PowerPoint und seine Grundfunktionen kennen,
- arbeiten mit PowerPoint, um eine kurze Präsentation zu erstellen,
- halten einen kurzen Vortrag und
- bewerten die Gestaltung der Präsentation und des Vortrags.

Material

- Arbeitsblatt „Wir erstellen eine Präsentation mit PowerPoint" (S. 113)
- Arbeitsblatt „Checkliste für einen gelungenen Vortrag mit PowerPoint" (S. 114)
- internetfähige Geräte (PC, Laptop, Tablet) mit dem Programm PowerPoint

◎ Vorbereitung

Kopieren Sie die Arbeitsblätter für jede Kleingruppe einmal. Gehen Sie in den Computerraum oder teilen Sie – falls vorhanden – die Tablets aus.

◎ Stundenverlauf

Einstieg

ca. 10 Minuten

Informieren Sie die Schüler*innen darüber, dass sie in der heutigen Doppelstunde kurze Präsentationen mit PowerPoint erstellen werden. Lassen Sie hierzu 3er-Gruppen bilden. Teilen Sie nun das Arbeitsblatt „Wir erstellen eine Präsentation mit PowerPoint" aus und lesen Sie gemeinsam mit Ihren Schüler*innen den Arbeitsauftrag. Klären Sie ggf. offene Fragen und weisen Sie nochmals darauf hin, dass nur zwischen den drei vorgegebenen Themen gewählt werden darf.

Arbeitsphase 1

ca. 50 Minuten

Die Schüler*innen erstellen in Kleingruppen ihre Präsentationen. Erinnern Sie Ihre Lerner*innen daran, dass sie erst dann mit der Erstellung der Präsentation beginnen dürfen (Aufgabe 3), wenn sie die Recherche abgeschlossen haben (Aufgabe 2). Achten Sie darauf, dass die Lernenden nicht zu viel Zeit auf das Design der Folien verwenden, sondern sich auf den Inhalt konzentrieren.

Arbeitsphase 2

ca. 15 Minuten

Teilen Sie das Arbeitsblatt „Checkliste für einen gelungenen Vortrag mit PowerPoint" aus und bitten Sie die Gruppen, ihre Präsentation in Hinblick auf die Kriterien der ersten beiden Abschnitte der Checkliste, die den Aufbau und Inhalt der Präsentation betreffen, zu überprüfen und ggf. zu verbessern. Geben Sie den Gruppen dann kurz Zeit, die Präsentation einzuüben.

Präsentation und Reflexion

ca. 25 Minuten

Bitten Sie einzelne Gruppen, ihre Präsentationen im Plenum vorzutragen. Nutzen Sie den Abschnitt „Der Vortrag/Die Präsentation" der Checkliste als Grundlage für eine Rückmeldung durch die anderen Schüler*innen und Sie. Es besteht auch die Möglichkeit, mit den Lernenden eigene Kriterien für eine gelungene Präsentation zu entwerfen.

Medien nutzen | **Wir gestalten eine PowerPoint-Präsentation** | Arbeitsblatt

Wir erstellen eine Präsentation mit PowerPoint

◎ Aufgaben

1. **Arbeitet in 3er-Gruppen und wählt zusammen das Thema eures Vortrages aus. Ihr könnt zwischen drei Themen wählen:**
   1: Viren und Trojaner – was ist das und wie kann ich mich schützen?
   2: Das richtige Passwort für meinen Computer – was sollte ich beachten?
   3: Spam – was ist das und wie kann ich Spam erkennen?

   Unser Thema für die Präsentation lautet: ……………………………………

2. **Beginnt mit der Recherche zu eurem Thema. Nutzt bitte die zwei Internetseiten www.internet-abc.de und www.klicksafe.de. Notfalls helfen euch auch die Kindersuchmaschinen www.frag-finn.de, www.helles-koepfchen.de und www.blinde-kuh.de. Macht euch Notizen zu eurem Thema in euer Heft.**

3. **Öffnet jetzt das Programm PowerPoint und beginnt mit der Arbeit an eurer Präsentation. Beachtet die Vorgaben für eure Präsentation:**
   - Erstellt ein Deckblatt mit dem Thema eures Vortrages und eurem Namen.
   - Erstellt eine Abschlussfolie, in der ihr euch für die Aufmerksamkeit beim Publikum bedankt und die Quellen nennt, die ihr für eure Recherche genutzt habt.
   - Wählt einen Hintergrund für eure Präsentation aus.
   - Schreibt die wichtigsten Informationen zu eurem Thema auf die einzelnen Folien. Vergesst die Überschriften nicht und achtet darauf, dass die Folien nicht zu viel Text enthalten.
   - Gestaltet eure Folien mit Bildern und Grafiken.
   - Achtet darauf, dass eure Präsentation nicht zu lang wird: Sie darf nicht länger als acht Folien sein (inklusive Deckblatt und Abschlussfolie).
   - Denkt an eine ausreichende Schriftgröße und darauf, dass die Farben nicht zu grell oder zu dunkel werden. Man muss die Schrift gut lesen können und der Hintergrund darf weder zu hell noch zu dunkel sein!

4. **Überprüft eure Präsentation mithilfe der Checkliste auf der nächsten Seite. Nutzt dafür die Abschnitte „Der Aufbau und die Gestaltung der Präsentation" und „Der Inhalt der Präsentation". Habt ihr an alle Punkte gedacht und alle Bereiche berücksichtigt? Falls ja, dann übt schon einmal für euren Vortrag.**

Checkliste für einen gelungenen Vortrag mit PowerPoint

Der Aufbau und die Gestaltung der Präsentation	☺ oder ☹
Die Präsentation hat ein Deckblatt und dieses nennt das Thema und die Namen der Präsentationsteilnehmer und -teilnehmerinnen.	
Die Schrift der Präsentation ist groß genug und die Farbe ist leserlich.	
Der Hintergrund der Präsentation ist gut gewählt: Man kann den Inhalt lesen.	
Die Präsentation ist nett gestaltet. Sie enthält z. B. Bilder oder Grafiken.	
Es gibt eine Abschlussfolie. Hier werden auch die Quellen genannt, die die Gruppe genutzt hat.	
Die Präsentation ist nicht zu lang (maximal acht Folien) und die Folien enthalten nicht zu viel Text.	

Der Inhalt der Präsentation	☺ oder ☹
Das Thema der Präsentation ist deutlich geworden. Ich weiß, worum es geht.	
Ich habe den Inhalt verstanden und mir ist kein inhaltlicher Fehler aufgefallen.	
Die Folien enthalten keine Rechtschreib- oder Tippfehler.	

Der Vortrag/Die Präsentation	☺ oder ☹
Der Vortrag war nicht zu lang.	
Die Vortragenden haben frei gesprochen und nicht abgelesen.	
Es wurde laut und deutlich gesprochen.	
Die Präsentation hatte eine klare Struktur: Alle Vortragenden hatten eine Aufgabe. So gab es eine Begrüßung und einen Abschlusssatz.	

Medien nutzen | Wir nutzen Online-Wörterbücher | Lehrerhinweise

Wir nutzen Online-Wörterbücher

Darum geht's

Die Schüler*innen lernen Online-Wörterbücher kennen und mit ihnen umzugehen. Der Ablauf der Stunde zeigt sich wie folgt:
- Unterrichtsgespräch über Online-Wörterbücher und über mögliche Vorerfahrungen
- Bearbeitung verschiedener Aufgaben mithilfe von zwei ausgewählten Online-Wörterbüchern
- Reflexion der Arbeit mit diesen beiden Online-Wörterbüchern

Zielkompetenzen

Die Schüler*innen
- lernen die beiden Online-Wörterbücher www.woxikon.de und www.leo.org kennen,
- arbeiten mit diesen beiden Online-Wörterbüchern,
- bewerten sie in Hinblick auf ihre Nutzbarkeit und
- benennen Vor- und Nachteile von Online-Wörterbüchern gegenüber herkömmlichen Wörterbüchern.

Material

- Arbeitsblatt „Wir nutzen Online-Wörterbücher" (S. 116–117)
- internetfähige Geräte (PC, Laptop, Tablet)

◎ Vorbereitung

Kopieren Sie das Arbeitsblatt in Klassenstärke und gehen Sie in den Computerraum oder teilen Sie – falls vorhanden – die Tablets aus.

◎ Stundenverlauf

Einstieg

ca. 15 Minuten

Sprechen Sie mit Ihren Schüler*innen zu Beginn der Stunde kurz über mögliche Vorerfahrungen mit Online-Wörterbüchern. Fragen Sie z. B., ob bereits Online-Wörterbücher bekannt sind oder ob diese bereits genutzt wurden. Sammeln Sie Namen von Anbietern an der Tafel (z. B. Pons, Duden, Leo).

Arbeitsphase

ca. 55 Minuten

Informieren Sie die Schüler*innen darüber, dass in der heutigen Stunde zwei ausgewählte Online-Wörterbücher vorgestellt werden und am Ende der Unterrichtsstunde noch die Möglichkeit besteht, weitere Lexika kennenzulernen. Teilen Sie dann das Arbeitsblatt aus und bitten Sie Ihre Schüler*innen, mithilfe des Internets die Aufgaben 1a–e in Einzelarbeit schriftlich zu bearbeiten. Falls nicht genügend internetfähige Geräte zur Verfügung stehen, besteht die Möglichkeit, die Aufgaben in Partnerarbeit zu lösen.

Sicherung und Reflexion

ca. 20 Minuten

Besprechen Sie die Aufgaben. Legen Sie innerhalb des Unterrichtsgesprächs Wert darauf, dass die Schüler*innen von ihren Erfahrungen mit den Online-Wörterbüchern berichten und die beiden Internetseiten hinsichtlich ihrer Nutzbarkeit bewerten (Aufgabe 2). So kann das vielfältige Angebot auf www.woxikon.de einzelne Schüler*innen überfordern oder aber die grelle Aufmachung von www.leo.org als störend empfunden werden.
Anschließend sollen die Schüler*innen Online- und Print-Wörterbücher miteinander vergleichen und jeweils zwei Vor- und Nachteile benennen (Aufgabe 3).
Falls noch Zeit bleibt, bitten Sie die Lernenden, nach weiteren Online-Lexika zu recherchieren. Hier sind es meistens die großen Verlage, die ein solches anbieten, z. B. Pons oder Duden. Halten Sie die Links zusätzlich zu den Namen an der Tafel fest, falls diese während des Einstiegs noch nicht genannt wurden.

Wir nutzen Online-Wörterbücher (1/2)

Aufgaben

1. Löse die Aufgaben a–e mithilfe der beiden Online-Wörterbücher *Woxikon* und *Leo*. Besuche hierzu die beiden folgenden Internetseiten: www.woxikon.de und www.leo.org.

   a) Finde für jedes deutsche Wort die passende Übersetzung. Trage es in die Tabelle ein.

	Englisch	Spanisch	Italienisch	Polnisch
Dinosaurier				
Stempel				
Hausaufgabe				
Staubsauger				
Fußballschuhe				

   b) Nutze das Online-Wörterbuch *Woxikon* und die Rubrik „Verben". Finde die Konjugationen der drei englischen und der drei deutschen Verben in der Tabelle – und als kleiner Trost: Der Begriff „Konjugation" wird dort ebenfalls erklärt.

Englische Verben und ihre Konjugation

Present	Past	Future	Deutsche Übersetzung
eat			
sing			
laugh			

Deutsche Verben und ihre Konjugation

	Präteritum	Futur	Imperativ
werfen	ich	ich	
schwimmen	ich	ich	
gießen	ich	ich	

© Norbert Höveler

Wir nutzen Online-Wörterbücher (2/2)

c) Finde heraus, wofür die einzelnen Abkürzungen stehen:

usw. → ....

etc. → ....

BCC → ....

BMAS → ....

P.S. → ....

d) Finde mithilfe des Online-Wörterbuchs *Woxikon* Synonyme für die folgenden Begriffe. Sei beruhigt, auch der Begriff „Synonym" wird dort erklärt.

Auto → ....

Angst → ....

oft → ....

Glück → ....

e) Denke dir zwei eigene Rätselfragen aus und präsentiere sie deinen Mitschülern und Mitschülerinnen.

1. ....?

2. ....?

2. Berichte anschließend im Plenum von deinen Erfahrungen mit den beiden Online-Wörterbüchern *Woxikon* und *Leo*, indem du eine kurze Bewertung in dein Heft schreibst. Was hat dir gut gefallen an der jeweiligen Seite und was war kompliziert oder hat dir nicht gefallen?
3. Welche Vorteile haben Online-Wörterbücher gegenüber herkömmlichen Wörterbüchern? Nenne zwei Vorteile. Fallen dir auch Nachteile ein? Falls ja, nenne ebenfalls zwei und sprich mit deiner Klasse darüber.
4. Besuche eine Kindersuchmaschine, z. B. www.frag-finn.de, und suche nach weiteren Online-Wörterbüchern. Welche Ergebnisse findest du und wie bewertest du die anderen Online-Wörterbücher? Berichte davon und schreibe die Antworten in dein Heft.

Erklärvideos: Lernen mit YouTube

Darum geht's

Die Schüler*innen lernen verschiedene Techniken von Erklärvideos kennen. Der Ablauf der Stunde zeigt sich wie folgt:
- Ansehen von Erklärvideos mit verschiedenen Techniken
- Herausarbeiten der Unterschiede zwischen den Videos
- Ausfüllen eines Beurteilungsbogens zu einem Erklärvideo
- Präsentation und Austausch der Ergebnisse

Zielkompetenzen

Die Schüler*innen
- erwerben Kenntnisse darüber, was Erklärvideos sind, und lernen verschiedene Techniken kennen,
- entdecken das gestalterische Potenzial von Erklärvideos und
- beurteilen Videos anhand einer Checkliste.

Material

- Arbeitsblatt „Was sind eigentlich Erklärvideos?" (S. 120)
- Arbeitsblatt „Beurteilungsbogen" (S. 121)
- internetfähige Geräte (PC, Laptop, Tablet)
- Kopfhörer, um die Videos anzuhören

Vorbereitung

Kopieren Sie das Arbeitsblatt „Was sind eigentlich Erklärvideos?" und den „Beurteilungsbogen" für jede Partnergruppe einmal. Sollten keine Kopfhörer in ausreichender Zahl vorhanden sein, so bitten Sie Ihre Schüler*innen, ihre eigenen mitzubringen. Gehen Sie in den Computerraum oder teilen Sie – falls vorhanden – die Tablets aus.

Stundenverlauf

Einstieg

⏱ ca. 10 Minuten

Erläutern Sie zu Beginn der Stunde Ihren Schüler*innen den Begriff „Erklärvideo" (hierbei handelt es sich um einen kurzen Film, der einen bestimmten Sachverhalt einfach und anschaulich vermittelt).
Fragen Sie die Lernenden nach ihren Erfahrungen und lassen Sie sie überlegen, bei welchen Themen Erklärvideos im Unterricht zum Einsatz kommen (können). Grundsätzlich können Erklärvideos Themen aus allen Fächern abdecken, von den Grundlagen bis hin zum Spezialwissen und so beim Lernen und Verstehen helfen. Wichtig ist, dass das Thema gut recherchiert ist und kein falsches Faktenwissen wiedergegeben wird.

Arbeitsphase 1

⏱ ca. 30 Minuten

Lassen Sie die Schüler*innen in Partnerarbeit die Aufgabe 1 des Arbeitsblattes „Was sind eigentlich Erklärvideos?" bearbeiten, um unterschiedliche Videostile miteinander zu vergleichen. Achten Sie darauf, dass die Schüler*innen sich nicht jedes Video bis zum Schluss anschauen, sodass sie genug Zeit haben, um sich Notizen zu den einzelnen Videotechniken zu machen.

Sicherung 1

⏱ ca. 10 Minuten

Besprechen Sie die unterschiedlichen Videostile anschließend im Plenum (Aufgabe 2). Die passenden Impulsfragen finden Sie auf dem Arbeitsblatt. Die Videos unterscheiden sich durch die folgenden drei Stile:
- „Legetechnik": Es werden Symbole oder Figuren vor einem neutralen Hintergrund bewegt. Aus dem Hintergrund wird gesprochen und erklärt, ohne dass man die Person sieht.
- „Videotutorials": Es wird langsam gezeigt, wie etwas gemacht wird, sodass es der*die Zuschauer*in nachmachen kann.
- „Vlogging": Bloggen im Videoformat. Hier ist der*die Sprecher*in die ganze Zeit zu sehen.

Medien nutzen | Erklärvideos: Lernen mit YouTube | Lehrerhinweise

Arbeitsphase 2

⏱ **ca. 30 Minuten**

Lassen Sie die Schüler*innen die Aufgabe 1 des Beurteilungsbogens bearbeiten. Achten Sie dabei darauf, dass sich die Schüler*innen Videos aussuchen, die nicht zu lang sind, damit sie die Möglichkeit haben, sich Teile des von ihnen gewählten Videos ggf. mehrmals anschauen, um so zu einem gemeinsamen Ergebnis in Bezug auf den Beurteilungsbogen zu kommen. Ideal sind Videos, die nicht viel länger als 3 Minuten dauern.

Damit die Schüler*innen dazu ausreichend Zeit haben, sollten Sie das Anschauen des Videos nach ca. 10 Minuten abbrechen. Vereinbaren Sie dazu ggf. eine Zeit, wann die Bearbeitung des Fragebogens beginnen soll.

Präsentation und Sicherung 2

⏱ **ca. 10 Minuten**

Lassen Sie die Beurteilungsbögen vorstellen und bei denselben Videos ggf. vergleichen. Besprechen Sie die Ergebnisse anschließend im Plenum. Passende Impulsfragen dazu finden Sie in der Aufgabenstellung (Aufgabe 2).

Sprechen Sie mit Ihren Schüler*innen über die Ergebnisse des Beobachtungsbogens. Welche Schlüsse lassen sich aus den positiven Bewertungen ziehen? Woran kann man ein gutes Erklärvideo erkennen? Genannt werden sollte u.a.:

- Es erklärt das Thema und Fachbegriffe verständlich.
- Es konzentriert sich auf das Wesentliche/die zu erklärende Handlung.
- Es hat eine angemessene, verständliche Sprache.
- Es ist technisch sauber produziert (ruckelfrei, keine Störgeräusche, guter Ton, Bild und gesprochener Text passen zeitlich zueinander).
- Die Erklärungen werden ggf. durch einfache Bilder (Icons, Symbole) unterstützt.

Was sind eigentlich Erklärvideos?

Erklärvideo im Legetrick-Stil

Suchbegriffe:
„Handysektor Erklärvideos",
„explainity"

Video-Tutorials

Suchbegriffe:
„Leckerschmecker",
„Geniale Tricks", „Techtastisch"

Erklärvideo im Vlogging-Stil

Suchbegriffe:
„MrWissen2go",
„Doktor Allwissend"

◎ Aufgaben

1. Suche dir eine Partnerin oder einen Partner und findet zusammen heraus, was Erklärvideos sind und welche Unterschiede es dabei gibt. So geht ihr vor:
   - Geht im Internet zu www.youtube.de.
   - Gebt ins Suchfeld einen der oben stehenden Suchbegriffe ein und seht euch zu allen drei Techniken mindestens ein Erklärvideo an. Es reicht, wenn ihr euch jedes Video nur 2–3 Minuten anschaut.
   - Nennt das Thema und beschreibt die Darstellungsart bzw. Technik der Videos in eurem Heft.
2. Besprecht eure Ergebnisse in der Klasse: Was ist euch aufgefallen? Worin unterscheiden sich die Techniken?

Medien nutzen | **Erklärvideos: Lernen mit YouTube** | Arbeitsblatt

Beurteilungsbogen

Titel des Erklärvideos:				
Webadresse/Link:				
Erklärvideo: ☐ im Legetrick-Stil ☐ im Tutorial-Stil ☐ im Vlogging-Stil				
Dauer des Videos:				
Das Erklärvideo enthält	☺	😐	☹	Beurteilung nicht möglich
▶ eine kurze Einleitung/Hinführung zum Thema.				
▶ einen Hauptteil.				
▶ eine kurze Zusammenfassung am Schluss.				
Das Thema				
▶ konzentriert sich auf das Wesentliche.				
▶ wird insgesamt verständlich erklärt.				
▶ wird durch geeignete Bilder/Symbole unterstützt.				
Der Sprecher oder die Sprecherin				
▶ spricht in einem angemessenen Tempo.				
▶ spricht deutlich.				
▶ erklärt Fachbegriffe verständlich.				
▶ hält Blickkontakt.				
Das Video				
▶ ist ruckelfrei.				
▶ hat keine Störgeräusche.				
▶ hat einen guten Ton.				
▶ hat eine angemessene Länge (1–2 Minuten).				
▶ ist unterhaltsam/insgesamt gut gelungen.				
▶ enthält Musikeffekte.				
▶ enthält Texteinblendungen/Untertitel.				
Das hat mir besonders gut gefallen:				
Das hat mir nicht so gut gefallen:				

◎ Aufgaben

1. Füllt zu einem Video eurer Wahl den Beurteilungsbogen aus.
2. Stellt eure Beurteilungsbögen in der Klasse vor und tauscht euch über eure Ergebnisse aus. Welche Technik gefällt euch am besten? Welche ist am leichtesten umzusetzen?

Ein eigenes Erklärvideo drehen

Darum geht's

Die Schüler*innen drehen ein eigenes Erklärvideo. Sie erlernen einen kreativen Medienumgang und erproben sich in der digitalen Filmarbeit. Der Ablauf der Stunde zeigt sich wie folgt:
- gemeinsames Lesen und Besprechen der Informationen „In sechs Schritten zum Film"
- Vorbereitung eines Erklärvideos und Anfertigen eines Storyboards
- Umsetzung und Präsentation des Erklärvideos

Zielkompetenzen

Die Schüler*innen
- planen und realisieren selbst ein Erklärvideo,
- vereinfachen Informationen und setzen sie verständlich in einem kurzen Filmclip anhand einer selbst ausgedachten Storyline um,
- erlernen einen aktiven und kreativen Medienumgang und
- nutzen das Smartphone als Einstieg in die Videogestaltung und -bearbeitung.

Material

- Materialblatt „In sechs Schritten zum Film" (S. 124)
- Arbeitsblatt „Ein Erklärvideo drehen" (S. 125)
- Smartphones der Schüler*innen
- 1 PC, Laptop oder Tablet
- Beamer oder Whiteboard zum Zeigen der Videos
- Kabel oder USB-Stick zum Übertragen der Videos vom Handy auf PC, Laptop oder Tablet
- ggf. diverse Materialien wie Tonpapier, Kleber, Scheren etc. für ein Video in der Legetechnik
- ggf. Kopfhörer zum Anhören der Videos und ggf. externe Mikrofone für die Tonaufnahme

Vorbereitung

Kopieren Sie das Material- und das Arbeitsblatt in Klassenstärke und legen Sie die benötigten technischen Utensilien bereit.
Bitten Sie die Schüler*innen, ihr Handy aufgeladen zur Stunde mitzubringen. Es hat eine Kamera, die für die Filmarbeit in der Schule vollkommen ausreichend ist. Sie lässt sich intuitiv bedienen bzw. wird von den Schüler*innen im Alltag bereits zum Filmen genutzt. Mit den in den Handys integrierten Mikrofonen lassen sich bereits gute Filme herstellen, sodass Sie nicht auf externe Geräte angewiesen sind. Hiermit können Sie lediglich die Tonqualität und Lautstärke noch verbessern.

Stundenverlauf

Einstieg

ca. 20 Minuten

Lesen Sie gemeinsam das Materialblatt „In sechs Schritten zum Film" und klären Sie ggf. offene Fragen. Sammeln Sie mögliche Themen für die Erklärvideos. Achten Sie dabei darauf, dass die Schüler*innen auf ein Thema zurückgreifen, in dem sie bereits Expert*innen sind und dessen Umsetzung nicht zu viel (Vor-)Arbeit und (Vor-)Wissen beansprucht. So verlieren sie keine Zeit mit einer (Internet-)Recherche, die den zeitlichen Rahmen der Stunde sprengen würde.
Dies könnten z. B. folgende Themen sein:
- Lösen einer Matheaufgabe
- Basteln eines Sterns
- Erlernen eines (Zauber-)Tricks

Arbeitsphase

ca. 55 Minuten

Bilden Sie 3er-Gruppen und lassen Sie die Schüler*innen die Aufgaben 1 und 2 des Arbeitsblattes „Ein Erklärvideo drehen" bearbeiten. Sicherlich werden viele Gruppen in den vorgesehenen 60 Minuten nicht fertig, insbesondere wenn sie sich für die Legetechnik entschieden haben. Sagen Sie Ihren Schüler*innen daher schon zu Beginn, dass es nicht schlimm ist, wenn die Filme nicht fertig werden. Ziel sollte es sein, dass die Schüler*innen das Schreiben und Drehen eines Erklärvideos kennenlernen und erproben. Auch Videos im „Rohbau" sollten daher Anerkennung erfahren.
Bereiten Sie in der Zwischenzeit alles für die Übertragung der Videos vor.

Präsentation und Abschluss

ca. 15 Minuten

Lassen Sie die Gruppen ihre Ergebnisse präsentieren, auch wenn diese noch nicht fertig sind (Aufgabe 3). Planen Sie für die technische Übertragung etwas Zeit ein. Für ein Feedback der Videos können Sie auch auf den „Beurteilungsbogen" (S. 121) zurückgreifen. Besprechen Sie ggf. die Weiterarbeit und das Präsentieren noch ausstehender Videos.

Tipps

- Rechtliches: Denken Sie daran, dass die Personen, die gefilmt werden, ihr Einverständnis dazu geben müssen. Die Schüler*innen entscheiden sich freiwillig dafür. Sollten die Filme z. B. auf der Schulhomepage veröffentlicht werden, ist bei Kindern und Jugendlichen das Einverständnis der Erziehungsberechtigten erforderlich.
- Räumlichkeiten: Überlegen und klären Sie vorab, welche Drehorte an Ihrer Schule möglich sind: unbesetzte Klassenräume, Flur, Schulhof, Turnhalle, Sanitärraum, Schulbibliothek, Mensa etc. Reservieren Sie die Räume für die Stunde und klären Sie die Aufsicht.
- Musik: Wenn Songs oder Geräusche eingebunden werden sollen, finden Sie freie Musik im Netz. Jedoch ist auch hierbei einiges zu beachten. Informieren Sie sich vorab über die Möglichkeiten, z. B. unter www.checked4you.de/netzmusik.
- Dateiformate: Smartphones speichern Videoaufnahmen zum Teil in unterschiedlichen Formaten ab, z. B. als GP3-Dateiformat, das von manchen Schnitt- und Abspielprogrammen nicht gelesen werden kann. In diesem Fall empfiehlt sich der „VLC-Player", der die meisten gängigen Videodateien abspielt. Sollte der Player ein bestimmtes Format nicht abspielen, so müssten Sie ggf. einen Video Converter verwenden, um das Dateiformat umzuwandeln.
- Technik/Kompatibilität: Achten Sie sowohl bei der Bearbeitung am PC als auch bei der Präsentation auf die Kompatibilität von Hard- und Software. Um Filme via USB-Anschluss vom Handy auf ein PC, Laptop oder Tablet zu übertragen, brauchen Sie meist unterschiedliche Kabel, je nach Hersteller und Alter des Mobilgeräts. Bitten Sie ggf. die Lernenden, ihre Ladekabel mitzubringen, mit denen sie in der Regel eine Verbindung der Geräte herstellen können.
- Videoschnitt: Es gibt kostenlose Apps, die über ein Schnittprogramm verfügen und mit denen die Schüler*innen arbeiten können. Lassen Sie sie ggf. in den App-Stores danach recherchieren und mit diesen Apps arbeiten.

In sechs Schritten zum Film

	Schritt 1: Bildet 3er-Gruppen.	Ihr benötigt: ▶ 1 Kamerafrau/-mann ▶ 1–2 Sprecher/in oder Schauspieler/in ▶ bei der Legetechnik: 1 Person für das Bewegen der Bilder
	Schritt 2: Wählt ein Thema.	Grundsätzlich eignet sich jedes Thema für ein Erklärvideo. Wichtig ist, dass ihr darüber so gut informiert seid, dass ihr richtige Experten und Expertinnen seid.
	Schritt 3: Erstellt passende Bilder und druckt sie ggf. aus.	Überlegt, mit welchen einfachen Elementen (Bilder, Pfeile, Symbole, Figuren, Gegenstände) ihr das Thema darstellen wollt. Diese Elemente erstellt ihr mit Papier, Stiften und Schere. Die Bilder sollen die Informationen im Video unterstützen. Verwendet einfache, klare Bilder (Icons, Symbole), die deutlich zu erkennen sind, z. B. dicke, schwarze Linien.
	Schritt 4: Schreibt euer Drehbuch.	Notiert euch, was gesagt werden soll. Konzentriert euch dabei auf das Wesentliche. Ein Erklärvideo ist eingeteilt in ▶ eine Hinführung (Worum geht es in dem Video?) ▶ einen Hauptteil (Der Inhalt wird verständlich erklärt.) ▶ einen Schluss (Das ist eine kurze Zusammenfassung.)
	Schritt 5: Übt den Videodreh.	Übt den Videodreh zunächst ohne Kamera. Sprecht den Text beim Dreh direkt ein und stoppt die Uhrzeit: Das Video sollte nicht länger als 1–2 Minuten sein. Achtet auf eine verständliche Sprache und ein angemessenes Tempo (nicht zu schnell!). Für ein Video in der Legetechnik benötigt ihr einen Bogen Tonpapier. Er dient euch als Fläche, auf der die einzelnen Elemente bewegt werden. Dazu müsst ihr die Figuren mit den Händen verschieben.
	Schritt 6: Dreht euer Video.	Dreht nun das Video mit eurer Handy-Kamera. Versucht, das Video in einer einzigen Sequenz zu filmen, oder verwendet die Pause/Play-Funktion, um die Aufnahme zwischendurch zu unterbrechen. Achtet darauf, dass Bild und gesprochener Text zeitlich zueinander passen und ihr technisch sauber arbeitet (ruckelfrei, keine Störgeräusche). Bei der Legetechnik filmt die Kamerafrau oder der Kameramann von oben. Wenn ihr fertig seid, speichert das Video.

Medien nutzen | **Ein eigenes Erklärvideo drehen** | Arbeitsblatt

Ein Erklärvideo drehen

◎ Das Storyboard

Ein „Storyboard" (dt. „Szenenbuch, Ablaufplan") ist ein gezeichnetes Drehbuch und hilft euch dabei, die einzelnen Szenen von einem Handyclip, Film oder Theaterstück zu planen.

Thema: ....

Technik: ....

Gruppenmitglied: .... Rolle: ....

Gruppenmitglied: .... Rolle: ....

Gruppenmitglied: .... Rolle: ....

Szene Nr.	Bild- bzw. Szenenbeschreibung	Schauspieler bzw. Schauspielerin/Hilfsmittel (Bilder, Symbole, Pfeile, Figuren, Gegenstände usw.)	Gesprochener Text

◎ Aufgaben

1. Arbeitet in 3er-Gruppen und bereitet zu einem Thema eurer Wahl ein Erklärvideo vor:
   - ◎ Legt die einzelnen Rollen und Aufgaben fest.
   - ◎ Entscheidet euch für eine geeignete Technik.
   - ◎ Fertigt ein kurzes Storyboard an. Übertragt dazu die Tabelle ins Heft und achtet darauf, dass ihr die Seite querlegt, um genügend Platz zum Schreiben zu haben. Füllt nun die Tabelle aus und ergänzt sie ggf. um weitere Zeilen.

Tipp: Eine gute Planung führt zum Erfolg!

2. Setzt nach der Anleitung auf der vorherigen Seite das Erklärvideo um.
3. Präsentiert eure Ergebnisse der Klasse und gebt euch gegenseitig Feedback.

Medientipps

◎ Literatur

Marco Fileccia, Birgit Kimmel u. a.:
Knowhow für junge User. Mehr Sicherheit im Umgang mit dem World Wide Web. Materialien für den Unterricht
hrsg. von Klicksafe. Ludwigshafen, 2018.

Franz Hilt, Thomas Grüner u. a.:
Was tun bei (Cyber)Mobbing? Systemische Intervention und Prävention in der Schule
hrsg. von Klicksafe. Ludwigshafen, 2017.

Internet ABC. Wissen, wie es geht. Mit der Klasse sicher ins Netz.
Arbeitsheft 1 bis 3 hrsg. vom Internet-ABC e. V. Düsseldorf.

Stefanie Rack, Birgit Kimmel u. a.:
Wie finde ich, was ich suche? Suchmaschinen kompetent nutzen. Zusatzmodul zu Knowhow für junge User. Materialien für den Unterricht
hrsg. von Klicksafe. 2. Auflage. Ludwigshafen, 2016.

Mirjam Steves:
Mobbing und Cybermobbing
Mülheim a. d. Ruhr: Verlag an der Ruhr, 2014.
ISBN: 978-3-8346-2932-6

◎ Internetseiten

Allgemeine Internetseiten zur Medienkompetenz

www.chatten-ohne-risiko.net
Webseite zum Thema „Kommunikation im Netz". Darüber hinaus gibt es Einschätzungen beliebter Communitys, Instant Messenger und Chats sowie Tipps zum sicheren Umgang damit im Netz.

www.lizzynet.de
Gemeinnütziges und mehrfach ausgezeichnetes Online-Magazin mit einer Community für Mädchen und junge Frauen. Unter „Magazin" → „Netz & Multimedia" finden sich zahlreiche Informationen rund um die Themen „Internet", „Computerwelt", „Handy" und „Spiele".

www.mediaculture-online.de
Internetportal des Landesmedienzentrums Baden-Württemberg, das Informationen rund um die Themen „Medienbildung", „Medienpraxis" und „Medienkultur" zur Verfügung stellt.

Medientipps

www.medienpaedagogik-praxis.de
Blog von Medienpädagog*innen mit Materialien, Methoden, Tipps und aktuellen Informationen für die medienpädagogische Praxis u. a. in der Schule.

www.medienundbildung.com
Angebot im Auftrag der Landeszentrale für Medien und Kommunikation (LMK) in Rheinland-Pfalz und des rheinland-pfälzischen Ministeriums für Bildung, Wissenschaft, Weiterbildung und Kultur (MBWWK) mit vielen Praxisprojekten für Radio, Fernsehen und Multimedia.

www.polizei-beratung.de
Internetangebot der polizeilichen Kriminalprävention der Länder und des Bundes. Unter „Themen & Tipps" → „Gefahren im Internet" wird ausführlich über Risiken und Schutzmöglichkeiten informiert. Speziell für Lehrkräfte gibt es neben Infos über Handygewalt und Medienkompetenz („Startseite und Aktionen" → „Lehrer") auch Handreichungen und Filmmaterial.

www.saferinternet.at
Österreichische Webseite, die Teil des Safer-Internet-Programms der Europäischen Kommission ist. Die Seite unterstützt vor allem Kinder, Jugendliche, Eltern und Lehrende beim sicheren, kompetenten und verantwortungsvollen Umgang mit digitalen Medien.

www.schau-hin.info
Das Internetangebot von u. a. ARD und ZDF informiert Eltern und Pädagog*innen über aktuelle Entwicklungen in der Medienwelt und Wissenswertes zu den verschiedensten Themen. In einem Newsletter gibt es alle drei Monate eine Übersicht zu empfehlenswerten Apps und Webseiten, dieser wird in Zusammenarbeit mit jugendschutz.net erstellt.

Informative Seiten für Kinder und Jugendliche

www.internet-abc.de
Internetratgeber mit zahlreichen Informationen über den verantwortungsvollen Umgang mit dem Internet. Die Plattform richtet sich an Kinder von 5–12 Jahren, Eltern und Pädagog*innen.

www.netzdurchblick.de
Internetratgeber für Kinder und Jugendliche (12–16 Jahre) mit vielen Infos und Tipps zur Sicherheit im Internet.

www.polizeifürdich.de
Vielfältige Informationen der Polizei rund ums Thema „Handy, Smartphone, Internet".

Medientipps

Beratungsplattformen für Kinder und Jugendliche (Cybermobbing)

www.beratung4kids.de
Kostenlose Beratungsplattform von (jungen) Erwachsenen für Jugendliche bis 21 Jahre. Jugendliche können sich in öffentlichen Foren untereinander und mit Mitgliedern der Beratung 4kids austauschen.

www.buendnis-gegen-cybermobbing.de
Netzwerk von Eltern, Pädagog*innen, Jurist*innen, Mediziner*innen und Forschern, das über das Thema „Cybermobbing" aufklärt und versucht, dafür zu sensibilisieren. Über eine Suchmaske lassen sich sowohl Beratungsstellen aus der Region zum Thema „(Cyber-)Mobbing" als auch Rechtsanwältinnen und Rechtsanwälte mit besonderem Fachwissen im Internetrecht finden.

https://jugend.bke-beratung.de/views/home/index.html
Die Bundeskonferenz für Erziehungsberatung (bke) bietet sowohl Jugendlichen als auch Eltern professionelle Beratungsangebote über das Internet an. Diese erfolgen kostenlos und anonym.

www.u25-deutschland.de
Plattform von Jugendlichen für Jugendliche bis 25 Jahre. Sie können sich auf der Webseite anonym anmelden und den Berater*innen eine nicht öffentliche Nachricht hinterlassen.

Für Meldungen problematischer Inhalte im Netz

www.internet-beschwerdestelle.de/
Projekt der Freiwilligen Selbstkontrolle Multimedia-Diensteanbieter e.V. (FSM) und eco, dem Verband der deutschen Internetwirtschaft. Über diese Seite können rechtswidrige Inhalte im Internet gemeldet werden.

www.jugendschutz.net/hotline/index.html
Von den Jugendminister*innen aller Bundesländer gegründete Seite, um jugendschutzrelevante Angebote im Internet zu überprüfen und auf die Einhaltung von Jugendschutzbestimmungen zu achten.